WORKBOOK

by
Barbara Michaelides
University of Louisiana at Monroe

to accompany

Spanish for School Personnel

Patricia Rush
Ventura College

Patricia Houston
Pima Community College

PEARSON
Prentice Hall

UPPER SADDLE RIVER, NEW JERSEY 07458

Publisher: Phil Miller
Senior Acquisitions Editor: Bob Hemmer
Assistant Director of Production: Mary Rottino
Editorial/Production Supervision: Nancy Stevenson
Media Production Manager: Roberto Fernández
Development Editor: Mariam Pérez-Roch Rohlfing
Assistant Editor: Meriel Martínez Moctezuma
Editorial Assistant: Pete Ramsey
Executive Marketing Manager: Eileen Bernadette Moran
Prepress and Manufacturing Buyer: Christine Helder
Editorial/Project Management: Natalie Hansen and Sue Katkus, PreMediaONE
Illustrator: Steve Mannion

This book was set in 11/14 Bembo by PreMediaONE,
A Black Dot Group Company, and was printed and bound
by Bradford & Bigelow. The cover was printed by Bradford & Bigelow.

© 2004 by Pearson Education, Inc.
Upper Saddle River, NJ 07458

Printed in the United States of America
10 9 8 7 6 5 4 3 2 1

ISBN 0-13-140164-5

Pearson Education LTD., *London*
Pearson Education Australia PTY, Limited, *Sydney*
Pearson Education Singapore, Pte. Ltd
Pearson Education North Asia Ltd, *Hong Kong*
Pearson Education Canada, Ltd., *Toronto*
Pearson Educación de Mexico, S.A. de C.V.
Pearson Education—Japan, *Tokyo*
Pearson Education Malaysia, Pte. Ltd
Pearson Education, *Upper Saddle River,* New Jersey

Contents

¡Por aquí, por favor!

Los saludos y las despedidas

A. Saludos. Greet the following people appropriately, according to the time of day shown on the clock.

Modelo: Señor Rodríguez
Buenos días, señor Rodríguez.

1. Señor López: _____

2. Señorita Aguilar: _____

3. Leonora Uriarte: _____

4. Señora Torres: _____

B. Una conversación. Complete the blanks in the following dialogue, according to the information from the context.

SECRETARIA: Buenos días. ¿Cómo _____ usted?

SRA. ACEVEDO: Me _____ Eleonora Acevedo.

SECRETARIA: Mucho _____ , señora Acevedo.

SRA. ACEVEDO: _____ .

JUAN: Hola, Marta. ¿Cómo _____ ?

MARTA: Muy _____ , gracias. ¿Y tú?

JUAN: ¿Yo? _____ muy bien, gracias.

MARTA: Adiós, Juan.

JUAN: Hasta _____ , Marta.

C. Correspondencias. Choose the best response to each of the following questions or statements.

1. ¿Cómo está usted hoy?

    a. Regular.   **b.** Me llamo María.   **c.** Mucho gusto.

2. Mucho gusto, señorita.

    a. Estoy muy bien, gracias.   **b.** Igualmente.   **c.** Me llamo Juan.

3. Soy Alfredo Sánchez. ¿Y usted?

    a. Buenas tardes.   **b.** Estoy muy bien.   **c.** Soy Elisa Moreno.

4. ¿Cómo se llama usted?

    a. No estoy bien.   **b.** Me llamo Elena.   **c.** Igualmente.

5. Nos vemos.

    a. Hola.   **b.** Hasta luego.   **c.** Regular.

Los números 0–100

D. ¿Qué número es? Match the numbers in column **A** and column **B**.

Modelo: nueve   _9_

A		B
1. veintidós	_____	**a.** 8
2. catorce	_____	**b.** 31
3. treinta	_____	**c.** 14
4. once	_____	**d.** 18
5. ocho	_____	**e.** 29
6. veintinueve	_____	**f.** 22
7. treinta y uno	_____	**g.** 12
8. doce	_____	**h.** 30
9. siete	_____	**i.** 11
10. dieciocho	_____	**j.** 7

El calendario

E. Unas preguntitas. Answer each of the following questions, according to the model.

Modelo: ¿Cuántos domingos hay en una semana?
Hay un domingo en una semana.

¿Cuántos/as...

1. días hay en septiembre?

_____

2. días hay en una semana?

_____

3. horas hay en un día?

_____

4. minutos hay en media hora?

_____

5. señoritas hay en la clase?

_____

6. días hay en diciembre?

_____

7. señores hay en la clase?

_____

8. profesores hay en la clase?

_____

F. El señor Chamorro.   Look at Mr. Chamorro's calendar. The Xs indicate the days he is out of the office and does not work **(no trabaja).** The rest of the time he usually works **(trabaja)** all day long. Use this information to answer parents' inquiries.

			JULIO	CALENDARIO		
LUN	**MAR**	**MIÉR**	**JUE**	**VIER**	**SÁB**	**DOM**
1	2	3	4	5	6	7
8	9	10	11	12	13	14
15	16	17	18	19	20	21
22	23	24	25	26	27	28
29	30	31				

1. ¿Qué día de la semana no trabaja el señor Chamorro?

_____

2. ¿Trabaja el jueves, dieciocho de julio?

_____

3. ¿Trabaja el lunes, veintinueve de julio?

_____

Now, take another look at the calendar and complete the statements accordingly.

1. Los lunes son el _____ , el _____ , el _____ , el _____ y el _____ .

2. Los martes son el _____ , el _____ , el _____ , el _____ y el _____ .

3. Los viernes son el _____ , el _____ , el _____ y el _____ .

G. Un poco más personal.   Answer the following questions with personal information.

Modelo: ¿Qué días no trabaja usted?
    Los lunes, los miércoles y los domingos.

1. ¿Qué días trabaja usted?

_____

2. ¿Qué días no trabaja?

_____

3. ¿Qué días hay clase de español?

_____

4. ¿Qué día es hoy?

_____

H. ¿Qué fecha es hoy?   Write out the dates in Spanish, according to the model.

¡OJO! Remember that the day usually precedes the month when writing the date in Spanish.

Modelo: 23/12   _Hoy es el 23 de diciembre._

1. 12/2: _____

2. 31/12: _____

3. 1/4: _____

4. 4/7: _____

5. 11/11: _____

6. 10/9: _____

7. 30/5: _____

Los pronombres personales

I. A quien corresponda.   Match each subject pronoun in column **B** with the correct person or people in column **A.**

A	B
1. _____ yourself	**a.** tú
2. _____ the person to whom you are speaking (an older person)	**b.** ellos
3. _____ the child to whom you are speaking	**c.** ellas
4. _____ two women about whom you are talking	**d.** usted
5. _____ two people to whom you are speaking	**e.** nosotros/as
6. _____ yourself and another person	**f.** yo
7. _____ a woman about whom you are talking	**g.** él
8. _____ a man about whom you are talking	**h.** ella
9. _____ two men about whom you are talking	**i.** ustedes

Expresiones de cortesía

J. Los buenos modales. Be polite. What would be the right thing to say in each of the following circumstances?

1. You spill some coffee on a colleague. _____

2. A friend buys you a drink. _____

3. Someone thanks you for a kindness. _____

4. You ask someone for a favor. _____

5. You need to get by someone who is in your way. _____

Vamos a la escuela

Módulo 1

La inscripción

A. Arregla las tarjetas.   The receptionist at James Monroe Elementary keeps index cards with basic information on new students. As her student aide, you have been asked to make a list of the information that is missing. On a sheet of paper, list the student's name and, under the student's name, list the items that are missing.

Apellidos: Rozas Nieves   **Nombre:** Ana   **Inicial:** J.

Domicilio: **Ciudad:** Tucson   **Estado:** Arizona

Código postal: **Número de teléfono:** 520-832-74-63

Edad: 8 años   **País de origen:**

Apellidos: Cruz Castro   **Nombre:** Miguel   **Inicial:** A.

Domicilio: **Ciudad:** Tucson   **Estado:** Arizona

Código postal: 87511   **Número de teléfono:** 520-

Edad: **País de origen:** Puerto Rico

<table>
<tr><td>Apellidos: Amescua Robles</td><td>Nombre:</td><td>Inicial:</td></tr>
<tr><td>Domicilio: 287 Mesa Verde</td><td>Ciudad:</td><td>Estado: Arizona</td></tr>
<tr><td>Código postal: 87511</td><td colspan="2">Número de teléfono: 520–</td></tr>
<tr><td>Edad: 10</td><td colspan="2">País de origen:</td></tr>
</table>

B. Información personal.   Now, imagine that you are an incoming student and you need to give your basic information to the receptionist. Fill in the blanks with your own information.

<table>
<tr><td>Apellidos:</td><td>Nombre:</td><td>Inicial:</td></tr>
<tr><td>Domicilio:</td><td>Ciudad:</td><td>Estado:</td></tr>
<tr><td>Código postal:</td><td colspan="2">Número de teléfono:</td></tr>
<tr><td>Edad:</td><td colspan="2">País de origen:</td></tr>
<tr><td>Grupo étnico:</td><td colspan="2">Fecha de nacimiento:</td></tr>
</table>

Estructuras   *Telling time: La hora*

C. ¿Qué hora es?   Maribel, a second-grade student, just received a new watch for her birthday. At various moments during her day, she insists on telling her teacher and her classmates what time it is. Give the time, according to the indications that follow. Be sure to add A.M. or P.M. to your answer, if given.

Modelo: 8:45
Son las nueve menos cuarto.
or
Son las nueve menos quince.

1. 8:30 A.M.: _____

2. 10:15: _____

3. 12:00: _____

4. 1:40 P.M.: _____

5. 3:20: _____

6. 5:00 P.M.: _____

D. ¡Tengo cita! Mr. Denton, the principal of James Monroe Elementary, has appointments at the following times. List the times according to the model.

Modelo: 8:30 A.M.
Hay cita a las ocho y media de la mañana.

1. 8:15 A.M.: _____

2. 9:00 A.M.: _____

3. 9:45 A.M.: _____

4. 1:00 P.M.: _____

5. 2:20 P.M.: _____

6. 3:35 P.M.: _____

Los maestros y las clases

E. Las clases. Match the subjects in column **A** with items used in that class from column **B**.

A	B
1. _____ Tecnología	**a.** un diccionario
2. _____ Escritura	**b.** los números
3. _____ Estudios sociales	**c.** una computadora
4. _____ Lectura	**d.** un lápiz y papel
5. _____ Educación física	**e.** un mapa
6. _____ Matemáticas	**f.** un gimnasio

F. ¿Cómo es? Using the word bank that follows, fill in the blanks with the adjective that fits the description given.

joven	cómico	habladora	optimista
alto	eficiente	vieja	inteligente

1. Una persona de 5 años es _____ .

2. Una persona que conversa mucho es _____ .

3. Albert Einstein es _____ .

4. Pollyanna es _____ .

5. Dave Letterman es _____ .

6. Shaquille O'Neal es _____ .

7. La secretaria del director es _____ .

8. Una persona de 92 años es _____ .

G. Los pronombres. Match the subject pronouns in column **A** with their corresponding forms from column **B**.

A	B
1. nosotros _____	**a.** you *(plural)*
2. Ud. _____	**b.** we
3. tú _____	**c.** she
4. ellos _____	**d.** you *(formal)*
5. yo _____	**e.** I
6. Uds. _____	**f.** they
7. ella _____	**g.** he
8. él _____	**h.** you *(informal)*

Estructuras *Introducing and describing yourself and others: Ser + adjetivos*

H. Ahora, con el verbo. Now, match the corresponding verb forms of column **B** to the matching subject pronoun in column **A**.

A	B
1. nosotros _____	**a.** eres
2. Ud. _____	**b.** soy
3. tú _____	**c.** son
4. ellos _____	**d.** es
5. yo _____	**e.** somos
6. Uds. _____	**f.** es
7. ella _____	**g.** son
8. él _____	**h.** es

I. La nueva estudiante. Fill in the blanks with the correctly conjugated form of the verb **ser** to find out about Berta, who is a new student, and her family.

Mi nombre (1) _____ Berta Alemán y yo (2) _____ estudiante del primer grado. Mi padre (3) _____ alto y mi madre (4) _____ baja. Mis padres también (5) _____ inteligentes. Mi hermanito, Alberto, (6) _____ cómico. Pero yo (7) _____ seria. Nosotros (8) _____ una familia muy unida *(close-knit)*.

J. ¿Cómo son?   Rewrite the following sentences with the new subject that is provided. Use the appropriate form of the verb **ser** and an adjective that is the direct opposite of the adjective given.

Modelo: Los chicos son cómicos.
La chica...
La chica es seria.

1. Los señores son bajos.

La señora... _____

2. La directora es vieja.

Las maestras... _____

3. Nosotros somos simpáticos.

Yo... _____

4. Yo soy optimista.

Uds.... _____

5. Ud. es tímido.

Ella... _____

6. La clase es fácil.

Los cursos... _____

7. Uds. son perezosos *(lazy)*.

Tú... _____

8. Tú eres feo *(ugly)*.

La estudiante... _____

Módulo 2

Para conocernos

A. Los útiles. Teresita's mother is helping her daughter learn to read at home. She labels supplies with their names for Teresita to see and learn. She must match the following words to the pictures they represent.

A

1. _____

2. _____

3. _____

4. _____

5. _____

6. _____

7. _____

8. _____

B

a. la pluma

b. la mochila

c. el pegamento

d. los crayones

e. las tijeras

f. el cuaderno

g. la regla

h. el borrador

B. Una nota de la maestra. Roberto brings home a note from his teacher, Mrs. Dillingham. In the note, she outlines the supplies Roberto will need to bring to school by Friday. Read the note and then supply the information that follows.

From the desk of Mrs. Dillingham

¡Bienvenidos a la clase de la Sra. Dillingham! Ya comenzamos el año escolar y los estudiantes van a necesitar unos útiles. Todos los estudiantes necesitan traer los útiles a clase para el viernes. Necesitamos la ayuda de los padres en comprar los útiles para los niños. Cada estudiante va a necesitar:

2	cajas de pañuelos de papel
1	caja de lápices número 2
2	plumas de tinta negra
1	botella de pegamento
1	par de tijeras para niños
2	cuadernos (uno para las matemáticas y uno para la escritura)
1	cuaderno pequeño para anotar la tarea
1	caja de crayones (de 16 piezas)

Con la ayuda de las familias, todos nuestros estudiantes estarán listos para comenzar el año de una forma positiva y con el deseo de aprender y divertirse. Espero conocer a todos Uds. durante la reunión de padres en septiembre. Gracias por su atención.

1. What writing instruments and how many will Roberto need?

_____

2. How many notebooks will Roberto need and for what subject?

_____

3. What kind of scissors will Roberto need?

_____

4. In what will Roberto write his homework assignments?

_____

Estructuras *Asking for information: Las preguntas*

C. Las palabras interrogativas. Read the following answers and then provide the questions.

Modelo: Hay siete personas en la escuela.
  ¿Cuántas personas hay en la escuela?

1. El director de la escuela es el Sr. Mendoza.

¿ _____ ?

2. Soy de México.

¿ _____ ?

3. La cita es el quince de junio.

¿ _____ ?

4. Hay 25 estudiantes en la clase.

¿ _____ ?

5. Mi profesión es maestra de Matemáticas.

¿ _____ ?

6. Teresa es trabajadora, simpática y alta.

¿ _____ ?

7. Necesito dinero porque el almuerzo cuesta $3.00.

¿ _____ ?

8. Mi número de teléfono es el 342-1490.

¿ _____ ?

En la clase

D. ¿Pertenece a la clase? Based on the vocabulary, circle the word that does not belong in the word family.

1. la ventana, la mochila, la puerta

2. la tiza, la bandera, el borrador

3. el pegamento, la mesa, la silla

4. el gimnasio, el baño, la pluma

5. la lectura, el recreo, el lenguaje

6. el auditorio, las tijeras, la regla

Estructuras   *Descriptions: Los artículos—género y número*

E. ¿Cuáles?   Provide the definite article that corresponds to the following words.

1. _____ mochilas
4. _____ mapas
7. _____ día

2. _____ pluma
5. _____ mano
8. _____ reglas

3. _____ director
6. _____ biblioteca

F. ¿Qué hay en la escuela?   Manuel returns home from school and wants to tell his parents what his school has. Provide the correct indefinite article that corresponds to the following nouns.

1. _____ crayones
4. _____ maestro
7. _____ lápices

2. _____ gimnasio
5. _____ cafetería
8. _____ mapas

3. _____ computadoras
6. _____ mesas

G. ¡A usar los artículos!   Raulito comes home his first day of school and tells his big brother about the things he finds in his classroom. Provide the correct definite and indefinite articles as indicated.

(1) _____ (The) clase de (2) _____ (the) maestra es muy interesante. En el escritorio, hay

(3) _____ (some) lápices, (4) _____ (a) diccionario, (5) _____ (some) plumas y

(6) _____ (a) caja de pañuelos de papel. En (7) _____ (the) pared, hay

(8) _____ (a) mapa de (9) _____ Estados Unidos *(United States)*. Hay

(10) _____ (some) sillas y (11) _____ (some) mesas en (12) _____ (the)

centro de matemáticas.

A escribir

Imagine that you work as an assistant to the school principal. You must send out a short, informal note to parents that explains the information that is needed on each student in case of emergency. Make a list, in Spanish, of the types of information that you will ask for.

Modelo: *Apellidos*

_____

_____

_____

_____

_____

_____

_____

A buscar

Go to www.sedl.org/scimath/pasopartners/welcome.html to view a curriculum and resource site for bilingual K–3 teachers. Choose one topic at one grade level and read the information provided in both English and Spanish. What topic would you like to see as part of a K through 3 bilingual curriculum?

A leer

Read the following passage and answer the question that follows.

La diversidad de culturas en la clase es un buen punto de comienzo para crear en los estudiantes una consciencia multicultural. Hay actividades que les ayudan a los estudiantes y a los padres a comprender las culturas. Hay grupos de discusión para los dos grupos; hay eventos en que los maestros, los padres y los estudiantes celebran su diversidad cultural; también, los padres pueden participar en actividades específicas del currículo de la clase. Otra idea es la participación en las actividades concretas por los padres y otros miembros de la familia. Las actividades concretas son viajes a museos de arte y presentaciones en la clase. Ayudar a los niños a tener interacción con las personas de otras culturas es un punto crítico a su formación como ciudadanos globales.

Based on the reading, make a list of ways in which teachers, families, and students can work together to create a greater multicultural awareness.

_____

_____

_____

_____

_____

_____

_____

Nota cultural

The Hispanic population in the United States reached 37 million in July 2001, making it the largest minority group in the country. Hispanics make up 13 percent of the 281 million people in this country. The United States is the fifth largest Spanish-speaking country in the world, followed by Spain, Colombia, and Argentina. Despite its size, the Hispanic population is among the most diverse in terms of ethnicity, religion, and culture.

¡La vuelta al cole!

Módulo I

Una noche para los padres

A. La escuela.   Parents have arrived at James Monroe Elementary for a meeting. The following is a list of some of the things they see at the school. Fill in the blanks with the word from the word bank that best completes the sentence.

bandera	pantalla	maestros	abuelos
reunión	tarea	guardería	tecnología

I. Hay bebés y niños pequeños en la _____.

2. Los profesores son los _____.

3. El trabajo que los niños hacen en casa es la _____.

4. Las computadoras son una forma de _____.

5. Los padres de mis padres son mis _____.

6. Un símbolo de Estados Unidos de América es la _____.

7. Una parte de la televisión es la _____.

8. Una formación de personas para discutir un tema es una _____.

B. Más sobre la escuela. Now match the expressions in column **A** with the corresponding vocabulary in column **B**.

A	B
1. El grupo que toca instrumentos de música es _____.	**a.** responsabilidad
2. Mi mamá y mi papá son _____.	**b.** el uniforme
3. Hay generalmente nueve meses en el _____.	**c.** los padres
4. La ropa que usan los niños para la escuela es _____.	**d.** respuesta
5. Un grupo de personas que cantan música es _____.	**e.** año escolar
6. Cuando la persona responde, es la _____.	**f.** el éxito
7. Ser padre es una _____.	**g.** el coro
8. Un triunfo es _____.	**h.** la orquesta

Estructuras   *Naming and describing: Más sobre los adjetivos*

C. Los adjetivos.   Change the adjective according to the new noun that is provided.

1. los maestros responsables   la madre _____

2. una directora alta   unos niños _____

3. la niña joven   los estudiantes _____

4. unas clases interesantes   una reunión _____

5. el lápiz amarillo   los cuadernos _____

6. la secretaria delgada   los conserjes _____

7. los uniformes azules   la bandera _____

8. los crayones verdes   la pizarra _____

D. Rellene el espacio en blanco.   Using the following word bank, fill in the blanks with the correct adjective.

pequeño	gordo	bueno	bajo
viejo	blanco	fuerte	moreno

1. Mi padre no es alto; es _____.

2. La secretaria no es delgada; es _____.

3. La niña no es débil; es _____.

4. Las clases no son malas; son _____.

5. La directora no es joven; es _____.

6. La tiza no es negra; es _____.

7. Mis padres no son rubios; son _____.

8. Mi clase no es grande; es _____.

Actividades escolares

E. Lo que pasa en el colegio.   Mirta is excited about her new school. When she gets home, she excitedly tells her mom about all the activities that take place there. Match the activity from column **A** with its counterpart in column **B**.

A	**B**
1. _____ la actividad del coro	**a.** cuidar
2. _____ el estudiante que no está contento	**b.** enseñar
3. _____ hablar en una voz muy fuerte	**c.** tomar la merienda
4. _____ usar un instrumento de música	**d.** gritar *(to shout)*
5. _____ el estudiante ayuda a los animalitos	**e.** cantar
6. _____ pintar en papel	**f.** llorar
7. _____ lo que hace la maestra en la clase	**g.** colorear
8. _____ tener leche y galletas	**h.** tocar

F. ¡Eleonora está contenta!   Eleonora is excited about everything that goes on at her new school. Read the following excerpt from Eleonora's diary and then answer the questions that follow.

Querido Diario,

¡Hay tantas actividades en el colegio! En la clase de arte, nosotros pintamos con unos crayones de mucho colores. Y también dibujamos animales con un lápiz. En la clase de música, mi maestra es la Sra. White. Ella canta muy bien y nosotros cantamos con ella. Hay un coro de estudiantes que cantan bien. ¡Yo deseo ser miembra del coro! Mis amigas también. En la clase de español no hablamos inglés, sólo español. Me gusta mucho la clase de español porque hablo bien el español. Mi amiga Katy no habla bien y ella llora porque no le gusta la clase. ¡Pero Katy es inteligente! En la clase de matemáticas, Katy suma y resta muy bien. Estudio matemáticas también, pero no sumo y resto tan bien como Katy. Bueno, querido diario, necesito preparar la tarea para mañana. ¡Buenas noches!

1. ¿Con qué pinta Eleonora en la clase de arte?

_____

2. ¿Con qué dibuja Eleonora?

_____

3. ¿Quién es la maestra de música?

_____

4. ¿Cómo se llama el grupo de estudiantes que cantan?

_____

5. ¿Por qué le gusta a Eleonora la clase de español?

_____

6. ¿Por qué es inteligente Katy?

_____

Estructuras _Talking about present activities: Los verbos que terminan en -ar_

G. A completar.   Rewrite the following sentences, using the new subject as a guideline.

1. Los estudiantes regresan a clase a las once. (la maestra)

_____

2. Nosotros tomamos la merienda a las diez y media. (Uds.)

_____

3. Nicolás pinta con crayones. (tú)

_____

4. El director trabaja con los maestros. (mis padres)

_____

5. Los padres compran papel. (yo)

_____

6. Los maestros preparan la tarea. (Ud.)

_____

7. Los voluntarios ayudan a los maestros. (los padres)

_____

8. La secretaria busca el formulario. (Uds.)

_____

H. Mi primer día de clases.   Guillermo discusses his first day of class with his big brother Raúl. Fill in the blanks with the correctly conjugated form of the verbs in parentheses.

¡La escuela es muy interesante, Raúl! Primero, la maestra (1) _____ (llamar) el nombre de todos los estudiantes y nosotros (2) _____ (contestar), ¡presente! Entonces, el director (3) _____ (hablar) por micrófono y nosotros (4) _____ (escuchar) los anuncios. En la clase de matemáticas, nosotros (5) _____ (sumar) y (6) _____ (restar) para practicar. Después de la clase de matemáticas, el Sr. Vega (7) _____ (enseñar) arte. En la clase de arte, yo (8) _____ (pintar) con muchos colores. Mi amigo Alfredo (9) _____ (dibujar) animales en el papel. Todos los estudiantes (10) _____ (trabajar) mucho, Raúl, y, por eso, ellos (11) _____ (necesitar) recreo. Después del trabajo y del recreo, ¡nosotros (12) _____ (descansar)!

Módulo 2

A jugar

A. Miembro del club.   Match the club in column **A** with the items belonging to the club from column **B**.

A	B
I. _____ tarea	a. Monopolio
2. _____ juegos	b. plantas
3. _____ jardín	c. lápices, papel
4. _____ música	d. bailarinas
5. _____ cocina	e. aviones, barcos, trenes
6. _____ aventureros	f. mini-cámara
7. _____ misterios	g. piano
8. _____ danza	h. leche y galletas

B. Empareje al estudiante con su club.   Fill in the blanks with the name of the club that best suits the student described.

1. Me gusta la estrategia del ajedrez.   Club: _____

2. Me gusta explorar un museo de arte.   Club: _____

3. Me gusta cantar con un coro.   Club: _____

4. Me gusta cuidar las plantas y las flores.   Club: _____

5. Me gusta preparar la tarea y practicar la lección.   Club: _____

6. Me gusta la investigación.   Club: _____

7. Me gusta inventar comidas diferentes.   Club: _____

8. Me gusta el teatro.   Club: _____

Estructuras   *Talking about present activities: Los verbos que terminan en -er, -ir*

C. Las actividades del día.   Write logical sentences with the following subjects and verbs.

Modelo: El conserje/insistir en
El conserje insiste en limpiar la escuela.

1. La directora/prometer

_____

2. La secretaria/deber

_____

3. Los maestros/decidir

_____

4. Los estudiantes/correr

_____

5. Tú/recibir

_____

6. Yo/leer

_____

7. Mis amigos y yo/comprender

_____

8. Uds./aprender

_____

D. Una nota de la Sra. White.   Read the following note from Mrs. White to her students' parents. Fill in the blanks with the correctly conjugated form of the verbs in parentheses.

Aquí, en James Monroe Elementary, nosotros (1) _____ (comprender) que los estudiantes son la prioridad más alta de la escuela. No obstante, los estudiantes (2) _____ (deber) comprender que hay reglas. El estudiante que (3) _____ (correr) en el pasillo (4) _____ (recibir) detención. En el rincón de lectura, los estudiantes (5) _____ (leer) y no (6) _____ (hablar). En la cafetería, la escuela (7) _____ (vender) galletas y leche para la merienda. No es necesario traer *(to bring)* la merienda de casa. Aquí, todos los estudiantes (8) _____ (beber) leche. Si el niño es alérgico, los padres (9) _____ (escribir) una nota de aviso *(notice)*. Las reglas (10) _____ (existir) para el bien de los niños. Gracias.

Después de clase

E. ¿Cómo se siente Ud.?   Provide the expression that describes how someone feels in the following situations.

1. el Chupacabras★   _____

2. una hamburguesa   _____

3. un día de 90° F   _____

4. una limonada   _____

5. una torta de cumpleaños con siete velas *(candles)*   _____

6. un día de 20° F   _____

7. un día con nada que hacer   _____

8. una siesta   _____

F. Los videos.   Give your own example of a film that falls into the following categories.

1. para adolescentes _____

2. para los pequeños _____

3. de contenido explícito _____

4. para todos _____

5. sólo adultos _____

Estructuras   *Physical conditions: Expresiones con tener y estar*

G. Tener.   Fill in the blank with the appropriate **tener** expression from your textbook. Conjugate the verb to agree with the subject.

Modelo: Cuando yo _____, como un sándwich.
   Cuando yo tengo hambre, como un sándwich.

1. Cuando Juanita _____, bebe un refresco.

2. Cuando yo _____, busco un suéter.

3. Cuando Raúl _____, come un sándwich.

4. Cuando los chicos _____, corren muy rápido.

5. Cuando nosotros _____, dormimos *(we sleep)*.

6. Cuando Ud. _____, bebe agua fría.

7. Cuando tú _____, te escondes *(you hide)*.

8. Cuando Eduardo _____, celebra con una torta con cuatro velas *(a cake with four candles)*.

★An animal of legendary fame that kills goats and other livestock by sucking their blood.

H. ¿Cómo está Ud.? Tell how the following people feel, using **estar** plus the correct adjective.

Modelo: Juanita no tiene nada que hacer.
Juanita está aburrida.

1. Yo tengo mucho sueño porque trabajo mucho.

Yo _____

2. Hay un examen de matemáticas.

Los estudiantes _____

3. Hay mucho trabajo y poco tiempo para la maestra de música.

La maestra de música _____

4. Hoy hay una presentación muy interesante en la clase de ciencia.

Ud. _____

5. Tú no comprendes nada en la clase de matemáticas.

Tú _____

6. Hay un tiempo muy largo de recreo hoy.

Nosotros _____

A escribir

As a teacher, you feel that parental involvement is very important. Write out a list of eight statements that illustrate how parents may help their children.

Modelo: *Los padres ayudan a los niños con la tarea.*

_____

_____

_____

_____

_____

_____

_____

_____

A leer!

One way to involve the parents of bilingual students in their children's education is by forming a special organization just for them. Read the following passage and write down your thoughts about the pros and cons of an association of this type.

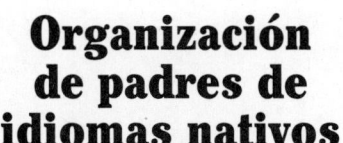

Organización de padres de idiomas nativos

Cuando hay una concentración de familias que hablan español en una escuela o en una comunidad, los grupos especiales de idiomas nativos son una manera excelente de atraer a los padres a participar en la educación de sus hijos. El grupo es una fuente vital de información y es una manera de establecer una Red de amigos dentro de la comunidad. Por medio del grupo, los padres pueden establecer el liderazgo necesario para participar en otras actividades del colegio. Los colegios necesitan envolver a los padres en tomar las decisiones que afectan a la educación de sus hijos. Los grupos, o asociaciones, contactan a nuevos padres y también son un punto de contacto con otras organizaciones, como PTA y otras.

Nota cultural

The concept of time in many Spanish-speaking countries differs significantly from that of the United States. If you have an appointment with a student's parents, be prepared to wait. It is not because of a lack of respect that they arrive later than the stated hour, but a cultural difference. Once the parents arrive, do not jump right into the business at hand. It is considered impolite to talk business without first discussing pleasantries totally unrelated to the job at hand. You may offer coffee or a refreshment. Relax and get acquainted. It will make the upcoming business much easier to transact when you allow the parents to dictate the pace.

LECCIÓN 3

La oficina de salud

Módulo I

¿Qué está pasando?

A. Usando el cuerpo.   Children use many parts of their bodies for play. Fill in the blanks with the appropriate part of the body used for the following activities.

I. Corro con las _____.

2. Hablo con la _____.

3. Como la comida con los _____.

4. Veo con los _____.

5. Tiro *(I throw)* la pelota con el _____.

6. Camino con los _____.

7. El olor del perfume entra por la _____.

8. Toco el piano con las _____.

B. Los centros pediátricos.   A parent's best friend can well be the pediatric clinic they use for their children's medical care. Fill in the blanks, using words from the word bank, to describe what constitutes a good clinic for your children.

emergencia	recreo	ambiente	atención
accidente	sala	centro	juguetes

En un buen (1) _____ pediátrico, los clientes reciben la (2) _____ médica completa para

sus niños. Una buena clínica debe tener un (3) _____ agradable con una (4) _____ de espera especial para los niños. El lugar especial cuenta con (5) _____ especiales para niños para pasar el tiempo sin preocupación. En caso de (6) _____, hay atención después de las horas de trabajo. Si hay un (7) _____ en el patio de (8) _____, el director de la escuela puede llamar a la clínica preferida de la familia.

Estructuras   *Activities in progress: El presente progresivo*

C. ¿Qué están haciendo?   Many activities take place daily in a school environment. Tell what the following people are doing by changing the infinitive to the present progressive tense.

Modelo: Guillermo/preparar la tarea
Guillermo está preparando la tarea.

1. Yo/hacer preparaciones

_____

2. El director/estudiar el currículo

_____

3. La recepcionista/llamar a los padres

_____

4. La enfermera/limpiar la herida *(wound)*

_____

5. Los clientes/esperar en la sala de espera

_____

6. El médico/examinar al niño

_____

7. Tú/escribir las direcciones

_____

8. Los niños/jugar en el patio de recreo

_____

D. Acción en progreso.   Read the following sentences and then write a sentence of your own, using one of the phrases from the word bank in the present progressive tense.

Modelo: Juan necesita hablar con sus padres. (llamar a sus padres)
   Juan está llamando a sus padres.

buscar un archivo	tomar un refresco	correr
dormir la siesta	hablar con una madre	comer la merienda
estudiar matemáticas	llorar	

1. Miguel necesita llegar rápidamente.

_____

2. Ud. contesta el teléfono.

_____

3. El director necesita información sobre un estudiante.

_____

4. Tú tienes sed.

_____

5. Es la hora de la siesta para los niños pequeños.

_____

6. Nosotros escribimos 2 + 2 = 4.

_____

7. Los estudiantes tienen hambre.

_____

8. El niño se cae del gimnasio.

_____

¿Dónde está mi familia?

E. ¡A emparejar!   Match the body part from column **B** with the medical explanation or problem from column **A**.

A	B
1. _____ evaluación de la vista	**a.** el estómago
2. _____ evaluación dental	**b.** la cabeza
3. _____ la náusea	**c.** la fiebre
4. _____ la concusión	**d.** la sangre
5. _____ la hinchazón	**e.** los dientes
6. _____ evaluación de la audición	**f.** el tobillo
7. _____ el corte	**g.** los oídos
8. _____ la gripe	**h.** los ojos

F. ¿Quién lo hace?   Who takes care of the sick students? To find out, fill in the blanks with a word from the word bank according to the indications given.

enfermera	higienista	padres	veterinario
doctor	abuelos	hermano	optómetra

En la oficina de salud de la escuela, hay un equipo de salud muy bueno. Si los niños necesitan una inyección, la

(1) _____ es responsable por las inmunizaciones. Pero si el equipo detecta un problema serio con un

estudiante, manda al estudiante al (2) _____. Primero, la secretaria llama a los (3) _____

del estudiante para informarlos. Si el estudiante tiene un familiar en la escuela, como un (4) _____,

el equipo también le pasa la información. Si el estudiante necesita descansar *(rest)* en casa y los dos padres traba-

jan, posiblemente los (5) _____ quedan *(stay)* en casa con él. Cuando un estudiante tiene problemas

con la vista, el equipo de salud lo manda al (6) _____. Si detecta problemas con los dientes, mandan

al estudiante a la (7) _____. Pero si el estudiante tiene una mascota, y la mascota se pone enferma, el

equipo de salud de la escuela no la acepta como paciente. ¡Los padres necesitan mandar a la mascota al

(8) _____!

Estructuras   *Ways of being: Ser y estar*

G. ¿Cómo son?   Using a form of the verb **ser** and the correct form of one of the following adjectives, write sentences with the subject provided to describe the following people.

fuerte	alérgico	amistoso	inteligente
atlético	capaz	alto	rubio

1. La secretaria escribe cartas, contesta el teléfono y prepara documentos.

La secretaria _____

2. Susana no toma penicilina porque tiene una reacción a la medicina.

Susana _____

3. Yo no tengo el pelo moreno y no soy pelirrojo.

Yo _____

4. Los estudiantes de la clase de la Sra. Vega siempre sacan "A".

Los estudiantes _____

5. El conserje trabaja con máquinas grandes y pesadas *(heavy)*.

El conserje _____

6. Nosotros jugamos muy bien al béisbol y al básquetbol.

Nosotros _____

7. Shaquille O'Neal y Michael Jordan juegan al básquetbol.

Ellos _____

8. Tú tienes muchos amigos y siempre tienes una sonrisa *(smile)* en la cara.

Tú _____

H. ¿Cómo están?   Using a form of the verb **estar** and the correct form of one of the following adjectives, write sentences with the subjects provided to tell how the following people are.

hinchado	ocupado	aburrido	contagioso
nervioso	ausente	confundido	roto

1. El director de la escuela trabaja muchas horas del día.

El director _____

2. La computadora no funciona.

La computadora _____

3. Hay un examen hoy.

Los estudiantes _____

4. Julianita no asiste a la escuela hoy.

Julianita _____

5. Yo tengo el tobillo más grande de lo normal.

El tobillo _____

6. Ud. tiene la gripe que es una enfermedad que pasa del uno al otro.

Ud. _____

7. Hay un accidente en la escuela y no sabes qué hacer.

Tú _____

8. Los maestros hablan en una voz *(voice)* monótona.

Los estudiantes _____

I. En caso de emergencia.   Fill in the blanks with the correctly conjugated form of the verb, using either **ser** or **estar.**

Hay un accidente en el patio de recreo. ¡Berta se cayó *(fell)* del columpio! La estudiante se llama Berta Suazo y

(1) _____ de México. Ella (2) _____ inteligente y trabajadora en la escuela. Cuando pasa

el accidente, los otros estudiantes (3) _____ nerviosos porque Berta no mueve *(move)*, no habla...

Berta no (4) _____ consciente. Los ojos de Berta (5) _____ cerrados. El amigo de

Berta (6) _____ llorando porque tiene miedo. La enfermera llega al patio de recreo. Ella

(7) _____ fuerte y muy capaz. Ella llama a los padres de Berta y al doctor. Mientras todos esperan,

Berta abre los ojos y habla un poco. ¡Todos (8) _____ contentos porque saben que Berta está bien!

Módulo 2

¿Qué vamos a hacer?

A. Una visita al pediatra.   Sra. Fonseca takes her son Pedro to the pediatrician's office on the recommendation of the school nurse. Pedro has been complaining of symptoms. Read the dialogue and then tell whether the following statements are **Cierto (C)** or **Falso (F).** If the statement is false, write a true statement based on the reading.

RECEPCIONISTA:	¿Cómo está Ud. hoy, Sra. Fonseca?
SRA. FONSECA:	Yo estoy muy bien, pero mi hijo Pedro está malo. Está llorando y se siente *(he feels)* caliente, en mi opinión.
RECEPCIONISTA:	El Dr. Herrera está con un paciente pero enseguida va a ver a Pedro. Esperen un momento.
DOCTOR:	Hola Pedro. ¿Qué tal, señora Fonseca? A ver... ven aquí, Pedro.

(THE DOCTOR EXAMINES PEDRO.)

DOCTOR:	El niño tiene una fiebre baja. Pero todos los otros signos vitales son normales. ¿Tiene Pedro náusea, señora?
SRA. FONSECA:	Sí, doctor. Tiene un dolor de estómago.
DOCTOR:	Su hijo tiene la gripe. Es una enfermedad viral. Pedro necesita descansar en casa. Voy a darle medicina para la náusea y algo para la fiebre. Si no está mejor mañana por la mañana, Ud. debe llamarme.
SRA. FONSECA:	Gracias, Dr. Herrera.

1. _____ Sra. Fonseca y Pedro tienen que esperar en la sala de espera.

_____

2. _____ La Sra. Fonseca está enferma.

_____

3. _____ Pedro tiene una fiebre alta.

_____

4. _____ La gripe es una enfermedad contagiosa.

_____

5. _____ El doctor explica que Pedro debe regresar a la escuela.

_____

6. _____ La Sra. Fonseca recibe medicina para Pedro.

_____

B. El sarampión.   Decide whether the following statements are **Cierto (C)** or **Falso (F)** based on your textbook reading on p. 99. If the statement is false, write a true statement based on the reading.

1. _____ El sarampión es una enfermedad muy contagiosa.

_____

2. _____ A veces, el paciente tiene una sensibilidad al frío.

_____

3. _____ Los niños no deben ir a la escuela por una semana o diez días.

_____

4. _____ Una complicación del sarampión es infección del oído.

_____

5. _____ La encefalitis no es una condición seria.

_____

6. _____ Los niños deben recibir la primera vacuna contra el sarampión a los 15 años.

_____

Estructuras   *Telling what you're going to do: El verbo ir y el futuro inmediato*

C. ¿Adónde van?   The director is a busy woman and she relies on her receptionist to keep her aware of her appointments and where certain people are during the day. Based on the indications given, say where the following people are going.

Modelo: Julio/a la oficina del director
Julio va a la oficina del director

1. La enfermera/la oficina de salud

_____

2. Yo/la cafetería

_____

3. los estudiantes/el gimnasio

_____

4. Ud./la sala de emergencia

_____

5. Elena/el patio de recreo

_____

6. El doctor/el consultorio

_____

D. ¡Está confundido!   Sometimes the director is so busy that she gets confused. Answer her questions by stating what the following people are going to do.

Modelo: ¿El conserje está trabajando hoy?
No, el conserje va a trabajar mañana.

1. ¿Estás descansando hoy?

_____

2. ¿La Sra. Vega está visitando la escuela hoy?

_____

3. ¿Uds. están haciendo el trabajo hoy?

_____

4. ¿Estamos recibiendo la información hoy?

_____

5. ¿Los estudiantes están corriendo hoy?

_____

Salgo enseguida

E. Ayuda en la Red.   Sometimes people go to the internet for medical information. Read the following questions and then determine which of the following answers should go with each question.

Pregunta 1: Mi hijo tiene cinco años. La luz le molesta los ojos y también tiene enrojecimiento de partes del cuerpo. ¿Debe ir a la escuela?

Pregunta 2: Mi hija de cuatro años tiene fiebre y dolor de cabeza. Están saliendo erupciones y ampollas en la barriga. Ella está rascando las erupciones porque pican. ¿Qué debo hacer?

Pregunta 3: Mis dos hijas tienen la nariz roja y congestionada. También, están estornudando. No tienen fiebre pero tienen dolor de cabeza. ¿Deben salir de la casa?

a. _____ Parece *(it seems)* que su hija tiene varicela. Necesita llevar a su hija al doctor inmediatamente, especialmente si tiene fiebre. Necesita ponerle la loción de calamina para la picazón. Ella no debe ir a la escuela porque la varicela es muy contagiosa.

b. _____ Estos síntomas son normales para el resfriado. No deben salir de la casa porque el resfriado es contagioso. También, necesitan descansar y tomar líquidos. Deben hablar con su médico sobre la medicina que necesitan tomar.

c. _____ No, señora, su hijo no debe ir a la escuela. Con esos síntomas, es posible tener el sarampión. Debe llevar a su hijo a la clínica para hablar con el doctor.

F. A emparejar.   Match the symptoms from column **A** with the illness that corresponds to them from column **B**.

A	B
1. _____ nariz congestionada, estornudo, tos	**a.** varicela
2. _____ ojos rojos e hinchados, secreción amarilla	**b.** resfriado
3. _____ inflamación debajo de la barbilla, dolor	**c.** piojos
4. _____ fiebre, tos, nariz congestionada, enrojecimiento	**d.** paperas
5. _____ ampollas, fiebre, comezón	**e.** asma
6. _____ falta de aire, dificultad al respirar, pecho apretado	**f.** conjuntivitis
7. _____ comezón de la cabeza	**g.** sarampión

Estructuras   *More present activities: Verbos irregulares en el presente*

G. Mi amigo Julio.   At school, your friend Julio can be something of a pest because he likes to copy everything you do. Write out the sentence stating what you do and then write another sentence stating what Julio does.

Modelo: yo/traer la tarea a clase
   Yo traigo la tarea a clase.
   Julio trae la tarea a clase.

1. yo/traducir la lección al inglés

_____

_____

2. yo/poner los crayones en el escritorio

_____

_____

3. yo/salir del patio de recreo

_____

_____

4. yo/hacer la tarea

_____

_____

5. yo/conocer a la familia de la maestra

_____

_____

6. yo/saber las respuestas

_____

_____

H. Saber/conocer.   Fill in the blanks with the correctly conjugated forms of the verbs, using either **saber** or **conocer.**

1. La enfermera _____ dar inyecciones.

2. La recepcionista _____ el número de teléfono del consultorio del doctor.

3. Yo _____ al asistente de la enfermera.

4. ¿ _____ tú tomar un mensaje?

5. Uds. _____ el hospital San Martín.

6. Yo _____ que debo llamar a los padres en caso de emergencia.

A escribir

As a teacher, it is a good idea to write an informational note home to bilingual parents that outlines some of the symptoms to look for in childhood illnesses. Write a short note in Spanish explaining the symptoms of some of the more common illnesses.

_____

_____

_____

_____

_____

_____

_____

A buscar

Go to www.buscasalud.com and find the age ranges in which children should be vaccinated. Make a list of the vaccinations, the diseases they guard against, and the ages at which they should be given. Compare this information to what you already know. Then, share the information with your classmates and prepare a chart together that outlines the results.

A leer

Chicken pox is a very common childhood disease for which there is a vaccination. One aspect of chicken pox is that it is very contagious. Read the following passage about the illness and answer the questions that follow.

La varicela es una de las enfermedades más contagiosas, especialmente durante las etapas tempranas de las erupciones. Diversos estudios señalan que la probabilidad de transmisión entre los niños que asisten a la misma escuela o entre los miembros de la familia es mayor al 90 por ciento. El contagio viral puede ocurrir por transmisión directa o indirecta.

La transmisión directa de persona a persona ocurre de dos formas: (1) Por inhalación de gotitas de líquido transportadas por el aire. (2) Por inhalación de secreciones del tracto respiratorio, particularmente cuando el enfermo tose o estornuda. La transmisión indirecta ocurre cuando un individuo tiene contacto con artículos contaminados o con secreciones respiratorias.

La enfermedad se disemina durante los dos primeros días desde la aparición de las erupciones, aunque el contagio es posible hasta el quinto día. Por lo general, la enfermedad deja de ser contagiosa después del sexto día.

1. ¿Cuándo es más contagiosa la varicela?

_____

2. ¿Cuál es el porcentaje de contagio entre familiares o escolares?

_____

3. Dé un ejemplo de transmisión directa.

_____

4. Dé un ejemplo de transmisión indirecta.

_____

5. ¿Cuándo deja de ser contagiosa la enfermedad?

_____

Nota cultural

Although individual attitudes concerning children's health care vary according to many factors, it is helpful to take note of some possible attitudes shared by Hispanics about health care. Preventative medicine is not a norm for many Hispanics. This may be related to the Hispanic's cultural orientation in the here and now as opposed to planning for the future. On the other hand, vaccination is a practice that is adhered to and considered very important for children. In some cases, since immunization is mandated by the government, it may be necessary to overcome a mistrust of governmental regulations, which is held by some people from other countries, to convince them of the importance of compliance with the childhood vaccination program.

*L*ECCIÓN 4

El personal de la escuela

Módulo 1

Evaluaciones

A. Una nota de la maestra.   Fiona, a third-grade student, brings home her first report card for the school year. With the report card is a note from the teacher, which is to be signed by a parent. Read the note that follows and indicate whether the following statements are **Cierto (C)** or **Falso (F).**

Del escritorio de la maestra

Adjunto les mando la primera boleta de calificaciones del año escolar. Además de las notas para cada materia, asignamos una nota para indicar el esfuerzo que hace el estudiante y el comportamiento del estudiante con una "S" (satisfactorio) o "NS" (no satisfactorio). Es necesario firmar la boleta de calificaciones y mandarla con su hijo/a a no más tardar que el viernes. Las materias en que su hijo/a recibe una nota son matemáticas, lenguaje, lectura, historia, ciencia y educación física.

Comentarios: *Fiona es una buena estudiante con mucha capacidad para aprender. Sus calificaciones de este período salieron bien, pero siempre hay lugar para mejorarse. Tiene una personalidad agradable y se lleva muy bien con sus compañeros. Si limita más sus conversaciones al patio de recreo, creo que ella va a comprender más en clase. Si Uds. tienen preguntas o necesitan concertar una cita conmigo, favor de llamar a la secretaria al 398-0908.*

I. _____ El estudiante no recibe una nota para el comportamiento.

2. _____ El estudiante recibe una nota en seis materias.

3. _____ En general, Fiona tiene buenas notas.

4. _____ Los padres no tienen que firmar la boleta de calificaciones.

5. _____ Fiona va a aprender más si no habla tanto (*so much*) en clase.

6. _____ Los padres deben llamar a la maestra para hacer una cita.

B. Una conferencia con la maestra. Mrs. Ochoa has a parent–teacher conference with Mr. Suárez, Alejandro's teacher. Read the dialogue and fill in the blanks with the word from the dialogue that best completes the summary.

SR. SUÁREZ:	Necesito hablar con Ud. porque Alejandro tiene unos problemas.
SRA. OCHOA:	Sí, comprendo que tiene una "D" en lectura.
SR. SUÁREZ:	El problema es que no lee al nivel de su grado.
SRA. OCHOA:	¿Presta atención en clase?
SR. SUÁREZ:	Sí, presta atención en clase. ¿Ud. ayuda con la tarea en casa?
SRA. OCHOA:	La verdad es que no tengo tiempo porque trabajo por la noche. Pero mi esposo está en casa. Posiblemente, él debe ayudar a Alejandro.
SR. SUÁREZ:	Buena idea. Voy a darle a Alejandro un libro de lectura y unos ejercicios para llevar a casa. ¿Sabe Ud. que Alejandro también dice que tiene dolor de cabeza muchos días? Es una buena idea hacerle una examinación de la vista.
SRA. OCHOA:	Gracias por la información, Sr. Suárez. Voy a concertar una cita con el oftalmólogo mañana.
SR. SUÁREZ:	De nada, Sra. Ochoa. Creo que Alejandro pronto va a leer al nivel del grado.

La Sra. Ochoa tiene una (1) _____ con el maestro de Alejandro porque Alejandro tiene un problema

con la materia de (2) _____. El maestro dice que Alejandro no lee al (3) _____ del

(4) _____. El muchacho presta (5) _____ en clase pero en casa la madre no ayuda con la

(6) _____ porque ella (7) _____ por la noche. El Sr. Suárez también cree que Alejandro

necesita una (8) _____ de la vista porque tiene muchos dolores de (9) _____. La Sra.

Ochoa va a hacer una (10) _____ con el oftalmólogo.

Estructuras   *Indicating relationships: Los adjetivos posesivos*

C. Los adjetivos posesivos.   Answer the following questions based on the cues given in parentheses, using possessive adjectives.

Modelo: ¿De qué color es la mochila de Lorenzo? (verde)
Su mochila es verde.

1. ¿Cuántos bolígrafos tiene tu hermana? (tres)

_____

2. ¿Son difíciles los exámenes de Uds. ? (sí)

_____

3. ¿Dónde está la clínica de la doctora Sánchez? (en calle Juárez)

_____

4. ¿Dónde está mi borrador? (en la pizarra/*be informal*)

_____

5. ¿Usas tu cuaderno para las matemáticas? (sí)

_____

6. ¿A qué hora es mi cita con la directora? (a las tres/*be formal*)

_____

D. Posesión con de.   Answer the following questions based on the cues given in parentheses, using possession with **de.**

Modelo: ¿De quién es la regla ? (the teacher's/*female*)
La regla es de la maestra.

1. ¿De quién es el libro? (the student's/*male*)

_____

2. ¿De quién es el papel? (Juan's)

_____

3. ¿De quién son los crayones? (the girl's)

_____

4. ¿De quién son los lápices? (the director's/*male*)

_____

5. ¿De quiénes son las evaluaciones? (the teachers')

_____

6. ¿De quién son los documentos? (the nurse's/*female*)

_____

Una reunión

E. Emparejar. Complete the following table with the missing information.

Expresión	Significado
_____	falta del sentido visual
lenguaje de señas	_____
_____	falta del sentido auditivo
dislexia	_____
_____	instrumento para medir el progreso académico
discapacidad ortopédica	_____

F. Una familia de palabras. Using the vocabulary from the text, determine the meaning of the word or phrase given and then provide the related word or phrase from the text.

Modelo: pensamiento

	Meaning	Vocabulary
	thought	_pensar_

	Meaning	Vocabulary
1. medida	_____	_____
2. aprender	_____	_____
3. aconsejar	_____	_____
4. evaluar	_____	_____
5. señalar	_____	_____
6. pedido	_____	_____

Estructuras   Describing daily activities: Los verbos con cambios de raíz

G. ¡Nosotros no hacemos eso! You are a third-grade student and one of your classmates is always boasting about his work. You and a classmate respond with what you do or do not do.

Modelo: Yo pido más comida en la cafetería. (nosotros)
            Nosotros no pedimos más comida en la cafetería.

1. Yo prefiero trabajar con Adelita. (nosotros)

_____

2. Yo repito las instrucciones de la maestra. (nosotros)

_____

3. Yo miento sobre la tarea. (nosotros)

_____

4. Yo vuelvo a casa a las tres. (nosotros)

_____

5. Yo comienzo a trabajar a las ocho. (nosotros)

_____

6. Yo no puedo jugar en el patio de recreo. (nosotros)

_____

H. Un problema auditivo. Read the following paragraph about a parent–teacher conference and fill in the blanks with the correctly conjugated form of the verbs in parentheses.

Los padres de Marta (1) _____ (pensar) tener una conferencia con el maestro de su hija. El maestro

(2) _____ (recomendar) una evaluación para Marta. Sus padres (3) _____ (elegir) tener la

evaluación con la consejera y el psicólogo. Los padres de Marta (4) _____ (decir) que Marta

(5) _____ (dormir) bien por la noche y que (6) _____ (comenzar) su día con una buena

comida. El maestro (7) _____ (pensar) que Marta no (8) _____ (repetir) en clase porque

posiblemente tiene problemas auditivos. Ella (9) _____ (seguir) las instrucciones escritas _(written)_ pero

tiene problemas cuando el maestro habla. Los padres (10) _____ (volver) con Marta para la evaluación.

Módulo 2

Más ayuda, menos problemas

A. ¿Más o menos? More or less? Fill in the blanks with **más** or **menos,** based on the drawings.

1. Adriana   Isabela   Isabela es _____ alta que Adriana.

2.   El lápiz es _____ grande que la pluma.

3. Raúl A+   Enrique C-   Enrique es _____ inteligente que Raúl.

4. Ana   Bianca   Bianca está _____ contenta que Ana.

5. tortuga   conejo   El conejo es _____ rápido que la tortuga.

B. Evaluación de estudiantes. Read the following sentences to determine if the students who are mentioned are at risk for the diagnosis of a problem. Place a **Sí** after the sentences in which you think more evaluation is necessary and a **No** after the sentences in which you think no evaluation is necessary.

I. Felipe no trabaja rápidamente cuando hace un examen. Muchas veces *(many times),* necesita tiempo extra. _____

2. Berta siempre necesita ir al frente de la clase para leer las palabras en la pizarra. _____

3. Elena nunca sigue las instrucciones y el maestro tiene que explicárselas. _____

4. Cuando Beto hace la tarea de matemáticas, escribe los números al revés. _____

5. Esteban lee lentamente pero comprende bien. _____

6. Héctor todavía no habla bien el inglés, pero está progresando. _____

Estructuras   *Comparing and contrasting: Los comparativos*

C. ¿Quién es más o menos interesante?   Create sentences with the adjectives given, comparing one person to the other. The adjectives should agree with the nouns they modify.

Modelo: Porky Pig/Olive Oil/gordo
Porky Pig es más gordo que Olive Oil.

I. Albert Einstein/Elmer Fudd/inteligente

_____

2. Danny DeVito/Shaquille O'Neal/alto

_____

3. Cameron Díaz/Roseanne/bonito

_____

4. Bill Gates/yo/rico

_____

5. Father Time/el bebé/mayor

_____

D. ¿Es mejor o peor?   Read the following pairs of activities and decide whether one is better or worse than the other or if one is as good (or other adjective) as the other.

Modelo: hablar por teléfono con amigos/jugar al básquetbol
Jugar al básquetbol es mejor que hablar por teléfono con amigos.
or
Jugar al básquetbol es tan interesante como hablar por teléfono con amigos.

1. preparar una evaluación/corregir *(correct)* exámenes

_____

2. la clase de lenguaje/la clase de educación física

_____

3. leer una novela/escribir una novela

_____

4. ir al patio de recreo/ir al gimnasio

_____

5. la pizza/el espagueti

_____

6. comer en la cafetería/comer en un restaurante

_____

Los mejores

E. ¡Están invitados!   As a teacher at James Monroe Elementary, you are in charge of the monthly awards assembly. You are writing an announcement to send home with the students. Fill in the blanks with the word from the word bank that best completes the sentence, based on the cues given.

premios	fotos	asamblea	ganan
perder	mejores	entregar	fiesta

Los maestros de la escuela James Monroe están orgullosos al anunciar los (1) _____ estudiantes del mes. Hay una (2) _____ en el gimnasio de la escuela para (3) _____ los (4) _____. Los mejores estudiantes (5) _____ una comida gratis en un restaurante, gracias a la asociación de restaurantes de la ciudad. Los invitados deben sacar (6) _____ antes o después del evento. Hay una pequeña (7) _____ después de la asamblea para ofrecerles nuestras felicitaciones a los ganadores. ¡Las familias y amigos no deben (8) _____ la oportunidad de participar!

F. En mi opinión.   Your students are filling in a questionnaire about their likes and dislikes. As a teacher, fill in the blanks with your own likes and dislikes as a rehearsal for the exercise with your students.

1. El actor más guapo del cine es _____.

2. La persona más cómica de televisión es _____.

3. La persona más importante del gobierno *(government)* es _____.

4. El programa más interesante de televisión es _____.

5. La película más romántica del cine es _____.

6. El partido más emocionante *(exciting)* de los deportes es _____.

Estructuras   Comparing and contrasting: Los superlativos

G. ¿Quién es el mejor?   Two of your students are always arguing. One student claims to have all good things and the other student tops him by stating hers are the best. Read the statements below and then write out the friend's response, using the superlative.

Modelo: Mis libros son interesantes. (los libros de Juan)
Los libros de Juan son los más interesantes de todos.

1. Mi clase es muy buena. (la clase de la señora Smith)

_____

2. Mi comportamiento es excelente. (el comportamiento de Rodrigo)

_____

3. Mi mochila es muy práctica. (la mochila de Ana)

_____

4. Mis notas son sobresalientes *(outstanding).* (las notas de Víctor)

_____

5. Mis padres son muy trabajadores. (los padres de Julianita)

_____

6. Mi bicicleta es muy rápida. (la bicicleta de Josefa)

_____

H. Muchísimo.   Your colleague seldom gets excited about anything and always understates what she says. Respond to the following statements using an **–ísimo/a** adjective.

Modelo: Mis estudiantes son buenos.
Tus estudiantes son buenísimos.

1. Tengo un estudiante malo.

_____

2. Hablo rápido.

_____

3. Las direcciones son fáciles.

_____

4. Mis exámenes son difíciles.

_____

5. Las notas de la clase son buenas.

_____

6. Mi hermano es alto.

_____

A escribir

Write a short report about a fictitious student, outlining a learning disability or physical problem the student may have, based on your observations. Start by giving the student's name and age and then follow with some sentences describing what may be symptoms. End the paragraph by stating that you need to coordinate an evaluation with the proper authorities at the school on a specific date.

_____

_____

_____

_____

_____

_____

_____

A leer

Read the following brochure about a special class offered to parents who are undergoing a divorce. Answer the questions that follow based on the reading.

La escuela James Monroe, junto con los servicios sociales de la comunidad, ofrece una clase especial para los padres divorciados. El divorcio es una experiencia muy dolorosa para los niños. Muchas veces, los padres más amorosos lo encuentran difícil enfocarse en las necesidades de sus hijos durante este tiempo tan traumático. Los padres muchas veces no tienen las habilidades para ayudar a sus hijos con el cambio. La clase que ofrecemos ayuda a los padres a comprender el efecto del divorcio en los niños, a ver las percepciones de los niños ante el divorcio, a hablar con los niños sobre los cambios, y a mantener una relación amorosa con los niños durante todo el tiempo. Los maestros de la clase son profesionales en el campo de asistencia social con títulos universitarios. La clase es una vez a la semana por cuatro semanas. Si le interesa tener más información sobre la clase, favor de llamar al 398-5701.

1. ¿Por qué es importante tener una clase para los padres divorciados?

_____

2. ¿Cuáles son algunos de los temas de la clase?

_____

3. ¿Quiénes son los maestros de la clase?

_____

4. ¿Qué debe hacer si tiene interés en la clase?

_____

Nota cultural

The populace of Hispanic countries generally has two surnames. This sometimes causes confusion in the United States when dealing with school records or other official files. The surnames used are the father's surname followed by the mother's maiden name. For example, if Julio Santander and Marta Parrales have a child named Susana, she would be known as Susana Santander Parrales. Her surname of record is Santander and should be alphabetized as such in files.

La seguridad en la escuela

Módulo 1

Las reglas de la escuela

A. ¡A emparejar!   Match the expressions from column **A** with the related expressions from column **B**.

A	B
1. _____ vatos	**a.** camisa
2. _____ tenis	**b.** pelea
3. _____ falda	**c.** pandillas
4. _____ navaja	**d.** sensato
5. _____ pantalones	**e.** blusa
6. _____ sabio	**f.** zapatos

B. El significado de los verbos.   Provide the verb for the definitions given, using the vocabulary from the text.

1. decir cosas malas de otra persona   _____

2. decir cosas buenas de otra persona   _____

3. no seguir haciendo la misma cosa   _____

4. dirigir (*to direct*) a otra persona   _____

5. resolver problemas   _____

6. atender a otra persona   _____

Estructuras   *Making requests: Los mandatos afirmativos informales*

C. Consejos.   A student teacher asks you how to show students that you care about them as individuals. Give the advice, based on what follows, using **tú** commands.

Modelo: estudiar la psicología
             Estudia la psicología.

1. identificar los problemas del estudiante

_____

2. ayudar a los estudiantes

_____

3. admitir que el mundo no es justo *(fair)*

_____

4. pedir ayuda del consejero

_____

5. comer con ellos en la cafetería

_____

6. creer en ti mismo

_____

D. Más consejos.   Sometimes a teacher must be firm with discipline. Tell the following problem students what to do, using **tú** commands.

1. salir del gimnasio

_____

2. venir a clase

_____

3. poner el juguete en mi escritorio

_____

4. ir a la oficina

_____

5. dejar de pelear

_____

6. buscar la tarea

_____

La disciplina

E. Juntos trabajamos.   It takes cooperation among many to make a school a secure place for all. Fill in the blanks with the word from the word bank that best completes the sentences.

administradores	comunidad	padres
estudiantes	policía	alcalde

1. En una clase, generalmente, hay un maestro y unos _____.

2. En una familia, generalmente, hay hijos y _____.

3. El director de la ciudad es el _____.

4. Los directores de una escuela son los _____.

5. Los ciudadanos (*citizens*) forman una _____.

6. La persona que protege la comunidad es el _____.

F. Una familia de acciones.   The following is a list of nouns. Provide the verb most closely related to the noun and then give the noun's meaning based on your understanding of the verb.

Modelo:

Noun	**Verb**	**Meaning**
el pensamiento	*pensar*	*thought*

Noun	**Verb**	**Meaning**
1. la participación	_____	_____
2. el aprendizaje	_____	_____
3. la comunicación	_____	_____
4. el modelo	_____	_____
5. la ayuda	_____	_____
6. la transformación	_____	_____

Estructuras *Making requests: Los mandatos formales; mandatos negativos informales*

G. La ayuda. A colleague asks for advice on handling students. Give her the following advice, using **Ud.** commands.

Modelo: buscar al director en caso de emergencia
   Busque al director en caso de emergencia.

1. empezar un programa para los estudiantes

_____

2. aprender quién es líder entre los estudiantes

_____

3. poner un estudiante líder en cada grupo

_____

4. venir a las reuniones

_____

5. traer ideas creativas a la reunión

_____

6. entender a los estudiantes

_____

H. Un estudiante problemático. One student member of a gang is always telling the others what not to do. Write out the following negative **tú** commands.

1. no entregar la tarea

_____

2. no traer los libros a clase

_____

3. no practicar un deporte

_____

4. no venir a tiempo a clase

_____

5. no almorzar en la cafetería

_____

6. no borrar grafiti de la pandilla

_____

Módulo 2

En caso de emergencia

A. El desastre.   Give the vocabulary expression that corresponds to the following actions.

1. No deben estar cerca de las ventanas o debajo de árboles durante un _____.

2. No utilice el ascensor. Salga por la escalera. Si hay humo, ponga algo sobre la boca y quédese cerca del piso en caso de _____.

3. No utilice teléfonos celulares si hay una _____. Pueden causar una explosión.

4. No intente desarmar a la persona. Mantenga la calma y coopere si hay una _____.

5. No abra las ventanas durante un _____. Hay mucha presión pero las ventanas cerradas no causan más problemas.

6. Utilice una careta antigás durante un _____.

B. En orden.   In case of emergency, teachers should calmly handle the situation with the children. The following is a list of what happens during a fire drill. Number the sentences to illustrate the order in which they occur.

_____ Después de que los bomberos chequean la escuela, los estudiantes regresan a clase.

_____ Los estudiantes salen al patio.

_____ Suena la alarma en la escuela.

_____ Los estudiantes hacen trabajo mientras están sentados en clase.

_____ Los estudiantes sacan las chaquetas del armario y se cubren.

_____ La maestra usa la lista para ver si todos los estudiantes están afuera.

Estructuras — *Los mandatos: Irregulares/con cambios ortográficos/ con pronombres de objeto indirecto*

C. En caso de emergencia. The fire alarm rings and you are working with one student in the classroom while the others are outside with your aide. Give your student the following negative commands.

Modelo: correr
No corras.

1. estar nervioso

_____

2. dar mal ejemplo *(example)*

_____

3. ir al baño ahora

_____

4. buscar los juguetes

_____

5. hablar con los amigos en el pasillo

_____

6. empezar un proyecto

_____

D. ¡Vamos a resolver los problemas! The following teaching assistants have problems and look to you for help. Read their statements and then solve their problems by using the formal command form of the verbs in parentheses.

Modelo: No sé *(know)* el número de teléfono del director. (buscar)
Busque el número en la guía telefónica.

1. Roberto no entiende las instrucciones. (explicarle)

_____

2. Necesito dos copias del examen. (hacer copias)

_____

3. No quiero perder los archivos de los estudiantes. (guardar)

_____

4. Julia no tiene la lista de estudiantes. (darle)

_____

5. ¿Qué hago después de terminar el trabajo? (apagar la luz)

_____

6. ¿Qué hago en caso de incendio? (evacuar la clase)

_____

No hay ningún peligro

E. Un viaje especial. You and your students are going on a field trip! Read the following news release of the trip to a K through 9 unit demonstration and then make a list of at least five things that you will see while there.

> Los estudiantes y los maestros de James Monroe Elementary van a hacer un tour especial a la unidad canina de la comunidad. Van a aprender cómo los oficiales entrenan a los perros que ayudan a proteger contra los incendios, a salvar a las personas en un incendio, a buscar y a encontrar narcóticos y a manejar a un criminal. Van a ver a los perros hacer su entrenamiento en un curso de obstáculos y van a mirar a los perros hacer sus ejercicios especiales. También, hay una exhibición de cómo el perro de la unidad trabaja con su entrenador en un incidente con un criminal armado. Es una experiencia magnífica para los estudiantes y maestros que les van a enseñar mucho sobre la unidad canina.

_____

_____

_____

_____

_____

_____

_____

F. ¡No pertenece! Circle the word in each of the following word groups that does not belong.

1. crimen, policía, dibujo

2. perro, chaqueta, unidad canina

3. pizarra, bombero, camión

4. vestidor, crayones, ropa para la educación física

5. comunicación, radio, cuaderno

6. tampoco, algo, alguien

Estructuras

Expressing negative ideas: Las expresiones afirmativas y negativas

G. Un maestro bueno.   Read the following passage and then rewrite the passage, changing all affirmative statements to the negative.

Como maestro de una clase de estudiantes del tercer grado, prefiero tener algunos estudiantes problemáticos. Siempre digo cosas negativas de los estudiantes. También, critico a la administración. Siempre hablo mal de mis compañeros. Los asistentes también pueden criticar a la administración.

_____

_____

_____

_____

_____

_____

H. En caso de emergencia.   Read the following passage and then rewrite the passage, changing all negative statements to the affirmative.

Los estudiantes y los maestros nunca prestan atención a la alarma. Tampoco buscan los abrigos en el armario antes de salir. Los bomberos nunca usan la radio para hacer comunicación en la escuela. Los administradores no hablan por la radio tampoco. Tampoco revisan la escuela para encontrar a ningún estudiante en los vestidores.

_____

_____

_____

_____

_____

_____

A escribir

As a teacher you are given the task to write lists for students of things that they should and should not do at school and at home in cases of emergency or for safety. Choose two topics (e.g., gangs, bomb threat) and make a list for each category with five formal affirmative and/or negative commands for each.

Modelo: *Saquen los abrigos del armario.*

_____

_____

_____

_____

_____

_____

_____

_____

A buscar

As a teacher, it is best to be prepared for any kind of disaster that can occur. The federal government offers resources for teachers to help prepare students in case of emergency. Go to www.ed.gov/spanishresources.jsp to find out what resources are available in Spanish and put together a unit you can use with your class.

A leer

You are a sixth-grade teacher. Read the following pamphlet, which was sent to parents by the school. It contains steps that parents can take to help their children avoid participation in gangs or avoid being the target of gangs. After reading the pamphlet, write a list of at least three specific suggestions that parents can use to help their children avoid gang involvement. Use examples from your own school.

Padres:

- Pasen tiempo con sus hijos y presten atención a ellos.
- Planifiquen actividades familiares.
- Sean ejemplos para sus hijos.
- Sepan lo que hacen sus hijos dentro de y fuera de la escuela.
- Sepan quiénes son sus amigos, adónde van y qué hacen.
- Establezcan límites para sus hijos.
- Comuníquense con sus hijos. La buena comunicación es abierta, frecuente y positiva.
- Hablen con sus hijos del alcohol, de los narcóticos y de las pandillas.
- No toleren el uso de los cigarrillos, del alcohol ni de los narcóticos.
- Asistan a las reuniones de la escuela y reúnanse con los maestros.
- Ayuden a sus hijos a participar en actividades en la escuela.
- Contacten a los oficiales de la escuela y a la policía si sus hijos participan con una pandilla.

_____

_____

_____

_____

_____

_____

_____

_____

Nota cultural

In many cases, for a Latino family, the concept of education encompasses much more than schooling. The meaning of the word "educación" in Spanish goes beyond the meaning of the English word "education." Educación implies not only formal learning, but also moral values, responsibility, and respect. These qualities are modeled for children; if the family unit is not a strong one, Hispanic youth may seek the bonds of an ethnic gang. Therefore, schools find it imperative to encourage Hispanic parents to become involved in their children's education and even their **educación.**

LECCIÓN 6

Repaso I

Lección 1: Vamos a la escuela

A. El formulario.   You are creating index cards on your students. Fill out the following card with the information requested, using a fictitious student as your example.

Apellido(s):

Nombre:

Fecha de nacimiento:

Dirección:

Ciudad:

Estado:

Código postal:

Número de teléfono:

Etnicidad:

B. La hora. Mariana has been sick. As her teacher, you are watching the time so that you can send her to the school nurse for her medication. State the following times and then tell at what time the medicine will be taken by adding twenty minutes to the stated time.

Modelo: 2:30
Son las dos y media.
La medicina es a las tres menos diez.

1. 3:20: _____

_____

2. 7:10: _____

_____

3. 6:45: _____

_____

4. 1:00: _____

_____

5. noon: _____

_____

6. 5:55: _____

_____

C. Las características. Describe the following people and things, using the verb **ser** and the adjectives provided.

Modelo: la computadora/caro
La computadora es cara.

1. la secretaria/bajo

_____

2. el director/inteligente

_____

3. los documentos/complicado

_____

4. las revistas/interesante

_____

5. la enfermera/bonito

_____

6. la recepcionista/paciente

_____

D. Las preguntas.   Here are some typical responses from new students. Try to guess the questions asked.

Modelo: Soy de Oklahoma.
¿De dónde es Ud. ?

1. Me llamo Héctor Aliño.

_____

2. Puedo empezar el 6 de junio.

_____

3. Espero sacar una "A" en matemáticas.

_____

4. Tengo solamente dos cuadernos.

_____

5. Quiero tener una clase de arte porque tengo talento.

_____

6. Ahora, vivo en calle Juárez.

_____

E. Los artículos de la clase.   It is the first day of class and you explain to the students what supplies they need to bring to school. Fill in the missing words as indicated.

En (1) _____ (the) clase, necesitamos muchas cosas porque hay muchos estudiantes. Para escribir,

necesitan comprar (2) _____ (some) lápices y (3) _____ (some) plumas. Todos los

estudiantes deben contribuir (4) _____ (a) caja de pañuelos de papel y (5) _____ (a) caja

de tiza. Para usar en las pizarras blancas individuales, Uds. deben tener (6) _____ (an) borrador y

(7) _____ (some) marcadores. En (8) _____ (the) centro de matemáticas, Uds. necesitan

tener (9) _____ (some) cuadernos especiales y (10) _____ (a) regla.

Lección 2: ¡La vuelta al cole!

A. A llenar el espacio en blanco.   Fill in the blanks with the word from the word bank that best completes the sentence.

bandera	pantalla	micrófono	abuelos
voluntario	merienda	tarea	peligro

1. La parte del televisor en que vemos la imagen es la _____.

2. Los ejercicios y la información que estudiamos en casa es la _____.

3. Una persona que trabaja pero no tiene un salario es un _____.

4. Un aparato que amplifica la voz es un _____.

5. Los padres de mis padres son mis _____.

6. Un símbolo de una nación es una _____.

7. Lo que comemos entre las comidas fuertes del día es la _____.

8. Cuando existe la oportunidad de riesgo, generalmente hay _____.

B. En la clase.   Students are anxious to describe everything they see on the first day of school. Write out the following descriptions given to parents.

Modelo: la maestra/bonito
La maestra es bonita.

1. la pizarra/negro

_____

2. las plantas/verde

_____

3. las computadoras/moderno

_____

4. la enfermera/alto

_____

5. los estudiantes/inteligente

_____

6. el gimnasio/grande

_____

C. Hay mucha acción en la escuela.   Besides describing what they see on the first day of school, students are also interested in talking about all the action they see at their new school. Fill in the blanks with the correctly conjugated form of a verb from the word bank, using the present tense.

practicar	escuchar	preparar	ayudar
estudiar	vigilar	explicar	regresar

En mi escuela, la maestra (1) _____ mucho trabajo interesante para los estudiantes. La maestra

(2) _____ el concepto y hay un asistente que (3) _____ a los estudiantes cuando hay

problemas. También, vamos a la biblioteca donde (4) _____ las otras materias. Cuando nosotros

(5) _____ de la biblioteca, hay clase de música. En la clase de música, nosotros (6) _____

una canción y entonces (7) _____. Por fin, vamos al patio de recreo donde el asistente

(8) _____ a los estudiantes en caso de emergencia.

D. Un día en la vida del maestro. Fill in the blanks with the correctly conjugated form of a verb from the word bank that best completes the paragraph, using the present tense.

insistir	leer	recibir	comer
ver	correr	comprender	decidir

El señor Harrison, maestro del tercer grado, tiene un día muy ocupado. Es un maestro que (1) _____

en buen trabajo de los estudiantes. También, él se siente bien cuando los estudiantes (2) _____ la

lección. Si un estudiante (3) _____ una mala nota, el señor Harrison (4) _____ ayudar al

estudiante en su tiempo libre. Al mediodía, el señor Harrison (5) _____ con los estudiantes en la

cafetería. Después del almuerzo, él vigilia a los estudiantes en el patio de recreo. Si los estudiantes

(6) _____ muy rápido en el patio, él no está contento. Pero, si él (7) _____ que los

estudiantes juegan bien y de una manera segura, él está contento y con calma. Al final del día, el señor Harrison

(8) _____ sus libros para preparar la tarea para el próximo día.

E. Las condiciones. Use a **tener** expression to explain the conditions of the following people.

Modelo: Juan lleva un abrigo. (Juan)
            Juan tiene frío.

1. Nosotros bebemos mucha agua. (nosotros)

_____

2. Yo como siete veces al día. (yo)

_____

3. El conserje prende el aire acondicionado. (el conserje)

_____

4. Tú llevas un suéter y un abrigo. (tú)

_____

5. Marta tiene ocho velas *(candles)* en su torta *(cake)* de cumpleaños. (Marta)

_____

6. Uds. necesitan dormir mucho. (Uds.)

_____

Lección 3: La oficina de salud

A. Haga una lista. Since you have playground duty, you must be aware of what types of equipment the school has to engage the students in play. Make a list of at least four pieces of playground equipment. Then, make a list of at least four body parts that could be injured in a playground accident.

_____

_____

_____

_____

_____

_____

_____

B. ¿Qué está pasando ahora? Use the present progressive tense of the verbs in parentheses to illustrate what is going on at the airport.

Modelo: Yo _____ (pagar) por el uniforme.

Yo _estoy pagando_ por el uniforme.

1. La recepcionista _____ (preparar) los formularios.

2. Los estudiantes _____ (leer) los libros.

3. Los niños _____ (correr) por el patio de recreo.

4. Nosotros _____ (comer) en la cafetería.

5. Tú _____ (buscar) ayuda.

6. Mi asistente y yo _____ (escribir) unos informes.

C. Siempre en el gimnasio. You are seated at the gym and observe all the activity that goes on. Describe the various students, teachers, and situations you observe at the gym, using the correctly conjugated form of the verbs **ser** or **estar.**

1. Yo _____ observando lo que pasa en el gimnasio.

2. Unos estudiantes _____ nerviosos porque no saben jugar al básquetbol.

3. Los maestros _____ ocupados porque hay muchos estudiantes que ayudar.

4. El maestro de educación física _____ alto y delgado.

5. Los balones que están cerca de la cancha _____ de un estudiante.

6. Los asistentes del maestro de educación física _____ en el gimnasio por si hay problemas.

D. ¡No, mañana!   There has been some miscommunication and a parent calls you to make sure that certain things are happening today. However, the parent has mistaken the date and they will take place tomorrow. Correct her statements.

Modelo: Adela trae el libro nuevo a clase hoy.
No, Adela va a traer el libro nuevo a clase mañana.

1. Mando el dinero por el almuerzo hoy.

_____

2. Adela llega una hora más tarde hoy.

_____

3. Uds. salen de la escuela temprano hoy.

_____

4. Traigo torta de cumpleaños hoy.

_____

5. Los niños van al parque hoy.

_____

6. Adela va a la enfermera hoy.

_____

E. Isabel y Beatriz.   These two best friends are always trying to outdo one another. Play the role of Beatriz. When told what Isabel does, state what you would do differently.

Modelo: Isabel sabe el poema a memoria.
Yo sé dos poemas a memoria.

1. Isabel trae una mochila grande a la escuela.

_____

2. Isabel hace la tarea por la tarde.

_____

3. Isabel sale de la escuela a las tres.

_____

4. Isabel conoce al estudiante nuevo.

_____

5. Isabel traduce la lección al español.

_____

6. Isabel pone la tarea en el escritorio de la maestra.

_____

Lección 4: El personal de la escuela

A. Las materias y las notas.   Fill in the blank with the word from the word bank that best fits the description.

la educación física	las matemáticas	el lenguaje
la lectura	calificaciones	la ortografía

1. El estudio de los números es _____.

2. El estudio del inglés y la gramática es _____.

3. El estudio del cuerpo humano y los ejercicios es _____.

4. El estudio de deletrear las palabras es _____.

5. El estudio de leer un cuento es _____.

6. El informe con las notas es la boleta de _____.

B. Mis estudiantes en la escuela.   Complete a teacher's description of some students to his assistant, using the correct form of the possessive adjective in parentheses.

(1) _____ (My) estudiantes, Amanda y Beto, asisten a (2) _____ (our) escuela.

(3) _____ (Their) clases son diferentes porque Amanda estudia música. (4) _____ (Her)

clase de música es por la mañana. Beto tiene clase de arte. (5) _____ (His) clase de arte es por la tarde.

Ellos tienen muchos amigos. (6) _____ (Their) amigos no están en esas clases con ellos, pero todos

están en educación física juntos. Ud. necesita vigilar a los estudiantes en (7) _____ (their) patio de

recreo. Es (8) _____ (our) trabajo asegurar *(insure)* que no hay problemas.

C. Guillermo es diferente.   We always do things in a logical fashion, but our colleague Guillermo has to be different. Fill in the blanks with the correctly conjugated present tense form of the verbs given in parentheses to illustrate the point.

1. Nosotros siempre _____ (empezar) el día a las ocho pero Guillermo _____ (empezar) a las nueve.

2. Nosotros _____ (pedir) un latté en Starbucks pero Guillermo _____ (pedir) una mocha.

3. Nosotros _____ (almorzar) en la clase pero Guillermo _____ (almorzar) en la cafetería.

4. Nosotros no _____ (perder) los exámenes pero Guillermo siempre _____ (perder) algo.

5. Nosotros _____ (preferir) hablar con los padres pero Guillermo no _____ (preferir) hablar con ellos.

6. Nosotros _____ (volver) a la escuela por la tarde pero Guillermo no _____ (volver).

D. ¿Más que o menos que?   Make comparisons of inequality for the following things based on the cues given. Use **más... que** or **menos... que** in your response.

Modelo: gimnasio/cafetería/grande
El gimnasio es más grande que la cafetería.

1. uniformes/camisas y pantalones/caro

_____

2. literatura/geografía/interesante

_____

3. problemas de aprendizaje/problemas auditivos/común

_____

4. recepcionista/conserje/fuerte

_____

5. clases grandes/clases pequeñas/cómodo

_____

6. computadora/calculadora/moderno

_____

E. El máximo.   The teachers at your school all have opinions about what is best. Write sentences, using the following information to illustrate differing opinions.

Modelo: exigente/la clase del Sr. Anselmo
La clase del Sr. Anselmo es la más exigente.

1. interesante/el programa de música

_____

2. fácil/las pruebas del Sr. Neville

_____

3. difícil/los exámenes de matemáticas

_____

4. moderno/la computadora en la biblioteca

_____

5. activo/las actividades de educación física

_____

6. orgulloso/los padres de Elena

_____

Lección 5: La seguridad en la escuela

A. Las pandillas.   As a teacher, you must be aware of gang trends to identify possible problems. Under the following heading on the left, write a list of clothing and other items that could be used to identify a gang. Under the heading on the right, make a list of verbs that reinforce positive feedback.

Modelo: *colores de ropa*   *usar uniforme*

Símbolos de las pandillas   **Verbos positivos**

_____   _____

_____   _____

_____   _____

_____   _____

_____   _____

B. El trabajo en la cafetería.   While on cafeteria duty, you frequently use **tú** commands to tell each student what he or she should do.

Modelo: comer vegetales
            Come vegetales.

I. limpiar el plato

_____

2. salir después de comer

_____

3. ir al patio de recreo

_____

4. poner los platos en la mesa

_____

5. escribir el nombre en la lista

_____

6. jugar afuera

_____

C. Buscando la paz.   You are in charge of an after-school club dedicated to maintaining peace and harmony in school. The club members make a poster of things to avoid. Use negative **tú** commands to create the poster.

Modelo: no empezar peleas
No empieces peleas.

1. no traer armas a la escuela

_____

2. no buscar problemas con otros estudiantes

_____

3. no escribir grafiti en las paredes

_____

4. no amenazar a otros estudiantes

_____

5. no utilizar drogas

_____

6. no hacer problemas

_____

D. Una clase para los padres.   As leader of a special parenting class, you frequently tell parents how to encourage their children to be successful in school. Use formal **ustedes** commands to get your point across.

Modelo: elogiar a sus hijos
Elogien a sus hijos.

1. ayudar a sus hijos con la tarea

_____

2. leer con sus hijos

_____

3. buscar ayuda de otros padres

_____

4. no tener miedo de hablar con ellos

_____

5. empezar una rutina diaria

_____

6. hacer actividades al aire libre juntos

_____

E. ¡Lo contrario!   A coworker is always bragging about his contrary friend Roberto. Write your coworker's statements about Roberto, based on the statements you make.

Modelo: Yo siempre escribo los números de teléfono en la libreta.
Roberto nunca escribe los números de teléfono en la libreta.

1. Yo pongo algo en el escritorio debajo de las bebidas.

Roberto... _____

2. Yo hablo con alguien cuando tengo problemas.

Roberto... _____

3. Yo tengo algunos problemas con la fotocopiadora.

Roberto... _____

4. Yo siempre hago mi preparación al final del día.

Roberto... _____

5. Yo también preparo la boleta de calificaciones.

Roberto... _____

6. ¡Yo nunca quiero trabajar con Roberto!

Roberto... _____

La educación alternativa

Módulo 1

Se ofrecen alternativas

A. Las diferentes escuelas.   There are options when it comes to education. Fill in the blanks with the word from the word bank that best completes the sentence.

pública	gratis	matrícula
requisitos	privada	chárter

Cuando los estudiantes asisten a una escuela (1) _____, generalmente tienen que pagar una

(2) _____ alta. Pero cuando asisten a una escuela (3) _____, no se paga. En la escuela

(4) _____, se ofrecen clases pequeñas y programas diferentes. Como las escuelas públicas, estas escuelas

son (5) _____. En estas escuelas, los estudiantes tienen que cumplir con todos los (6) _____

del estado.

B. Programas especializados. Many charter schools specialize in specific programs. Under the following headings, list the types of classes that could be offered at each of these types of schools.

Modelo: La escuela de tecnología
la computación

La escuela de tecnología	La escuela de bellas artes	La escuela multicultural	La escuela de ciencias y matemáticas
_____	_____	_____	_____
_____	_____	_____	_____
_____	_____	_____	_____
_____	_____	_____	_____
_____	_____	_____	_____

Estructuras

Expressing generalizations, expectations, and the passive voice: Se impersonal

C. ¿Qué se hace en... ? Write a sentence using the impersonal **se** to explain what is done in the following places.

Modelo: la clase de lectura
Se lee un libro en la clase de lectura.
or
En la clase de lectura se lee un libro.

1. la cafetería

_____

2. el gimnasio

_____

3. el patio de recreo

_____

4. la oficina de la directora

_____

5. la clase de matemáticas

_____

6. la biblioteca

_____

D. A la voz pasiva.   Change the following sentences from the active voice to the passive voice with **se.**

Modelo: Ofrecemos programas después de las clases.
Se ofrecen programas después de las clases.

1. Hacen meriendas en la cafetería.

_____

2. Necesita un entrenador principal de fútbol.

_____

3. Paga un sueldo excelente.

_____

4. Ofrecen un buen plan de salud.

_____

5. En la oficina archivamos las boletas de calificaciones.

_____

6. En la clase vemos programas educativos.

_____

7. Necesitamos dos asistentes bilingües en la oficina.

_____

8. Come el almuerzo a las once y media.

_____

La educación a distancia

E. La educación a distancia.   Fill in the blanks with the words from the word bank that best complete the sentences.

Red	pantalla	navegar
electrónico	virtual	distancia

1. La parte visual de la computadora es la _____.

2. El correo que se recibe por computadora es el correo _____.

3. Las clases que se dan por computadora son clases a _____.

4. Otra palabra para Internet es la _____.

5. Buscar por Internet es _____ por la Red.

6. Un salón de clase que no es un salón físico es un salón _____.

F. La "netiqueta".   Well, you have heard of etiquette. If you want to participate in virtual learning, you now have to practice "netiquette" or on-line etiquette. Here are some tips to follow when working on-line. Tell whether the following statements are **Cierto (C)** or **Falso (F),** based on the reading.

1. No insulte a nadie. Puede causar un incidente para Ud. y para su escuela. Las letras mayúsculas quieren decir que está gritando. No las use con frecuencia para no ofender a nadie. Si alguien lo insulta a Ud., hable con el maestro antes de responder.

2. Los malentendimientos culturales son fáciles en línea, especialmente cuando Ud. habla con una persona que no habla el mismo idioma. No se burle de las personas que no hablan inglés. Pueden perder la confianza y no volver a escribir otra vez. Para evitar estos problemas, use lenguaje claro y sencillo. Evite el sarcasmo. Si quiere clarificar los sentimientos, puede usar los símbolos como las caritas:

:-)   =   contento/a

:-(=   triste

;-)   =   estoy burlando

1. _____ Los insultos en línea son una manera de divertirse.

2. _____ Cuando se escribe con letras mayúsculas, quiere decir que grita.

3. _____ Si alguien lo insulta a Ud., insúltelo también.

4. _____ Hay que tener cuidado hablando con personas de otras culturas en línea.

5. _____ Corríjalos inmediatamente si no usan buen inglés.

6. _____ Los símbolos pueden clarificar una comunicación.

G. Ud. es muy lento.   You are planning to do the following things, but others have just finished doing them for you. Write out the sentences using **acabar de** and the new subject.

Modelo: Pienso pagar la matrícula. (mi esposa)
  Mi esposa acaba de pagar la matrícula.

1. Pienso limpiar el salón de clase. (el conserje)

_____

2. Pienso vigilar a los estudiantes en el patio de recreo. (mi compañera)

_____

3. Pienso devolverles a los estudiantes la tarea. (el asistente)

_____

4. Pienso navegar por la Red. (nosotros)

_____

5. Pienso leer el correo electrónico. (Uds.)

_____

6. Pienso dar clases en línea. (tú)

_____

7. Pienso buscarlo en el sitio Web. (los estudiantes)

_____

8. Pienso tener una conferencia con los padres. (la directora)

_____

H. ¿Cuándo pasó?   Tell when the following things happened based on the dates that follow. Use the words or phrases in the word bank for your responses.

hace...	ayer	anteayer	la semana pasada	anoche

Modelo: Hoy es el quince de abril. (el ocho de abril)
  la semana pasada

1. Hoy es el dos de julio de 2002. (el dos de junio de 2002)

2. Hoy es el cinco de mayo. (el cuatro de mayo)

3. Hoy es el cuatro de julio de 2002. (el cuatro de julio de 2000)

4. Hoy es el treinta de octubre. (el veinte de octubre)

5. Hoy es el nueve de junio. (el siete de junio)

6. Hoy es el ocho de mayo. (el siete de mayo a las once de la noche)

7. Hoy es el treinta de enero. (el diez de enero)

8. Hoy es el primero de abril de 2000. (el primero de abril de 1995)

Módulo 2

El salón virtual

A. La clase virtual. As a teacher, you want to know the advantages of distance education. Read the following brochure and then make your own prioritized list of the different advantages of the virtual classroom, based on your needs.

> El sistema del salón de clase virtual basado en la Red incluye una variedad de grupos de conversación, conversación actual, lugares donde los maestros pueden colocar el sílabo y otras noticias, un módulo para organizar tareas en línea, un módulo para las notas y un sistema de correo electrónico basado en la Red que está abierto a sólo los participantes. Este sistema está protegido por contraseña. Los maestros pueden crear y colocar pruebas interactivas para los estudiantes. Pueden organizar grupos de conversación, poner la tarea en la Red y recibirla de los estudiantes. Pueden crear enlaces con otros sitios en la Red y distribuirles las notas a los estudiantes con la seguridad de privacia. También, tienen la oportunidad de crear información de estilo multimedia.

_____

_____

_____

_____

_____

_____

_____

_____

B. Vocabulario adicional. Whether surfing the Internet, checking e-mail, or chatting, a special vocabulary is necessary. Fill in the blanks with a word from the word bank that best completes the sentence. If the word is new, use context to determine the word's meaning and where it belongs.

banderas	contraseña	búsqueda	carpetas
motor de búsqueda	salir de sesión	usuario	sala

1. Generalmente, la _____ se escribe con seis carácteres como mínimo sin espacios.

2. Cuando Ud. termina de revisar su correo electrónico, hay que _____.

3. Si Ud. es mensajero instantáneo, necesita un nombre especial o un nombre de _____.

4. Cuando se navega por Internet, hay muchos anuncios o _____ de publicidad en la pantalla.

5. A una hora determinada, los maestros y los estudiantes pueden conversar en la Red por medio de la _____ de conversación.

6. Puede dividir y organizar su correo electrónico en _____.

7. Para iniciar una _____, se escriben palabras claves en el campo.

8. Yupi o HispaVista son ejemplos de un _____.

Estructuras   *Expressing likes and dislikes: Gustar*

C. ¿A quién le gusta...? The following is a list of people and two things from which to choose. Pick one that the person likes best and write a sentence using **gustar.**

Modelo: las computadoras/los teléfonos/Bell
    A Bell le gustan los teléfonos.

1. la administración/la enseñanza/el director

_____

2. vigilar el patio de recreo/estar en la cafetería/yo

_____

3. corregir exámenes/crear materiales/Uds.

_____

4. archivar/contestar el teléfono/la recepcionista

_____

5. empezar temprano/empezar tarde/los entrenadores

_____

6. enseñar a distancia/ser tutor/la maestra de inglés

_____

7. las escuelas privadas/las escuelas públicas/nosotros

_____

8. el mensaje instantáneo/el correo electrónico/los estudiantes

_____

D. ¿Qué les gusta a mis compañeros?   Now, make a list of eight questions to ask your classmate about distance education and provide your classmate with choices. Then, make a second list of your own preferences when it comes to using the computer.

Modelo: *¿Te gusta más dar pruebas en clase o dar pruebas en línea?*
            Me gusta contestar el correo electrónico inmediatamente.

_____

_____

_____

_____

_____

_____

_____

_____

El proyecto virtual

E. Los aparatos electrónicos.   In today's world, there are uses for many electronic devices. Some of these devices are more suited to certain tasks than others. Read the following benefits of a device and then state whether that benefit suits a desk-top computer, a cell phone, a graphing calculator, a lap-top computer, or a Palm.

Modelo: Generalmente, contiene más memoria que otros aparatos.
            la computadora de escritorio

1. Puedo llevarla al salón de clase para proyectar una imagen de Internet. _____

2. Puedo usarla en la clase de cálculo. _____

3. Puedo comunicarme con los padres de cualquier sitio. _____

4. Puedo descargar de la Red o archivar información cuando estoy de vacaciones en este pequeño aparato.

_____

5. Descargo imágenes en este aparato porque tiene muchísima memoria. _____

F. La computadora de mis sueños.   As an educator, you can use technology to enhance the classroom experience. A list of computer peripherals and computer parts follows. For each term, decide whether or not you want the device and then decide what type of device you would like for your own classroom, noting what the device can do for you and your students.

Modelo: ratón inalámbrico
No necesito un ratón inalámbrico porque siempre utilizo el ratón cerca del teclado (keyboard) y mis estudiantes pueden perderlo.

I. copiadora: _____

_____

2. impresora: _____

_____

3. módem: _____

_____

4. altavoces: _____

_____

5. cámara digital: _____

_____

6. pantalla: _____

_____

7. fax: _____

_____

8. memoria: _____

_____

9. escáner: _____

_____

10. Palm: _____

_____

Estructuras   *Numbers: De cien a millones; los número ordinales*

G. ¿Cuánto cuesta(n)...?   State the cost of the following items, according to the model.

Modelo: el papel/$32
             El papel cuesta treinta y dos dólares.

1. el auto nuevo/$32.792

2. los discos compactos/$42

3. una computadora portátil/$1.700

4. un teléfono celular/$53

5. una impresora/$89

6. una pantalla de 17″/$240

7. un Palm/$263

8. las altavoces nuevas/$96

H. En el primer puesto...   The following is a list of countries and an approximate number of their Spanish-speaking population. Rank the countries from most to least, following the model. Note that not all countries are represented.

Modelo: *El segundo país es España.*

España	39.500.000	Estados Unidos	22.500.000
México	80.000.000	Guatemala	9.200.000
Honduras	4.500.000	Uruguay	3.150.000
Venezuela	18.000.000	Colombia	33.600.000
Panamá	2.100.000	Chile	13.600.000

_____

_____

_____

_____

_____

_____

_____

_____

_____

A escribir

There are many alternatives to a traditional education. Write a summary in Spanish of the types of alternatives that exist and explain what the alternatives offer. Add some alternatives not mentioned in the chapter.

Modelo: *La escuela en casa ofrece la idea de aprender a la velocidad del estudiante pero no hay tanta socialización.*

_____

_____

_____

_____

_____

_____

_____

_____

A buscar

Technological terms may vary from region to region in Spanish. Make a list of the computer terms that you use most often with students and then find several Spanish meanings for each term. To begin with, go to www.telefonica.es/fat/elex.html or www.uwasa.fi/comm/termino/collect/special/computing.html. You may also enter "Spanish computer terms online" into the search field for more options.

_____

_____

_____

_____

_____

_____

_____

A leer

Read the definition and characteristics of a charter school from Steps to Starting a Charter School. WestEd, August 2000. www.uscharterschools.org/pub/uscs_docs/ta/steps.htm. Then, answer the questions that follow.

Las escuelas chárter son escuelas públicas que operan con la libertad de muchas de las regulaciones que se aplican a las escuelas públicas tradicionales. El "chárter" que establece cada escuela es un contrato que explica la misión de la escuela, el programa, las metas, los estudiantes servidos, los métodos de asesoramiento y las maneras de medir el éxito. La cantidad de tiempo por la cual se otorgan estos acuerdos o chárteres varia, pero la mayoría son por tres a cinco años. Al final del período, los contratos se pueden renovar. Las escuelas chárter operan bajo el mando de sus patrocinadores—generalmente, su junta de educación estatal o local—y tienen la responsabilidad de producir resultados académicos positivos y adherir al contrato del chárter. El concepto básico de las escuelas chárter es que ejercen más autonomía a cambio de esta responsabilidad.

1. ¿Qué es el significado de la palabra "chárter"?

_____

2. Explique el contenido del chárter.

_____

3. ¿Por cuánto tiempo es el acuerdo?

_____

4. ¿Qué pasa cuando se vence *(expires)* el acuerdo?

_____

5. ¿Quién es el patrocinador de una escuela chárter?

_____

Nota cultural

When operating on the World Wide Web, keep in mind that languages are very dynamic. In this era of rapid development, technology often moves faster than the language we use to describe it. If you are preparing something like a Web page or translating material from the Web for someone, it is important to know your audience. For whom is the material intended? Once you know your target, you can use the Internet to find specific terminology pertaining to a geographic region. For example, should you use *mouse* or *ratón?* It depends on which term is more universally accepted in the region for which you are writing.

LECCIÓN 8

La escuela secundaria

Módulo 1

Los deportes

A. Los deportes. Teamwork is an important part of the educational process. Match the following teams from column **A** with the sports they represent from column **B.**

A	B
1. _____ los Yanquis de Nueva York	**a.** el fútbol
2. _____ los Vaqueros de Dallas	**b.** el béisbol
3. _____ los Toros de Chicago	**c.** el fútbol americano
4. _____ los Terremotos de San José	**d.** el básquetbol

B. El vocabulario de los deportes. Fill in the blanks with the word from the word bank that best completes the sentence.

animadores	trofeo	natación	armario
gimnasio	entrenador	espejo	vestuario

1. El edificio donde hacemos los ejercicios es el _____.

2. Practicamos la _____ en una piscina *(swimming pool)*.

3. El jefe o líder de un equipo es un _____.

4. El lugar donde cambiamos la ropa antes de un partido es el _____.

5. Los estudiantes que ayudan a los espectadores a gritar son los _____.

6. Miramos en un _____ para ver nuestra reflección.

7. Los campeones ganan un _____.

8. Guardamos la ropa y otros artículos en el _____.

Estructuras   *Describing daily routines: Los verbos reflexivos*

C. El capitán del equipo de fútbol americano.   Marco is a senior this year and the captain of the football team. Fill in the blanks with the correctly conjugated form of the verbs in parentheses, using a reflexive pronoun when necessary.

Marco (1) _____ (despertarse) a las seis y media y toma un vaso de jugo de naranja. Después de tomar

el jugo, Marco (2) _____ (bañarse). Entonces, Marco (3) _____ (afeitarse, *to shave*) y (4)

_____ (peinarse). Cuando Marco termina, va a su habitación y (5) _____ (vestirse) rápida-

mente. Prefiere llegar temprano a la escuela y si llega tarde (6) _____ (enojarse). Marco y sus com-

pañeros (7) _____ (preocuparse) por el partido contra sus rivales. Cuando termina su día de clases,

Marco (8) _____ (ponerse) el uniforme y el casco para practicar. Al terminar de practicar, Marco y sus

compañeros (9) _____ (sentarse) a ver el vídeo del último partido. Al final del día, Marco (10)

_____ (desvestirse), (11) _____ (ponerse) los pijamas y (12) _____ (acostarse).

D. Un día en la vida de una animadora.   The following is a series of events that form part of Cecilia's daily routine. For each drawing, write a sentence describing what is happening.

Modelo: *Cecilia se ducha.*

1. _____

2. _____

3. _____

4. _____

5. _____

6. _____

7. _____

Nos ayudamos

E. El significado. Provide a definition or synonym for the following words or expressions.

Modelo: casco

Un casco es un sombrero duro para proteger la cabeza.

1. el equipo: _____

2. los aficionados: _____

3. el partido: _____

4. el uniforme: _____

5. el campeonato: _____

6. el héroe: _____

7. el grito: _____

8. el reportero: _____

F. Los sustantivos. Give the noun form based on the following verbs. Then, provide the meaning of the nouns.

Modelo:

Verb	Noun	Meaning
vestirse	*el vestido*	*dress*

Verb	Noun	Meaning	Verb	Noun	Meaning
1. bañarse	_____	_____	**5.** abrazarse	_____	_____
2. apoyarse	_____	_____	**6.** reportar	_____	_____
3. peinarse	_____	_____	**7.** pelearse	_____	_____
4. perder	_____	_____	**8.** animar	_____	_____

Estructuras   *More on reflexive verbs: Los verbos recíprocos*

G. Acciones recíprocas.   Using the descriptions of the people that follow, write a sentence that describes a reciprocal action or feeling pertaining to them.

Modelo: los Hatfield/los McCoy
Se odian.

1. Brad Pitt/Jennifer Aniston

_____

2. los boxeadores

_____

3. las mejores amigas

_____

4. los jugadores del mismo equipo

_____

5. Roseanne/Tom Arnold

_____

6. los maestros/la directora

_____

H. ¿Qué hacen?   Using the following verbs and people, write sentences that describe reciprocal actions.

Modelo: los rivales/respetarse
Los rivales se respetan.

1. los aficionados/gritarse

_____

2. los jugadores/apoyarse

_____

3. los compañeros de clase/cuidarse

_____

4. mi asistente y yo/consultarse todos los días

_____

5. mis colegas y yo/comunicarse bien

_____

6. los amigos/escribirse

_____

Módulo 2

Necesito saber un poco de todo

A. Los departamentos.   List specific subjects pertaining to each heading. How many subjects can you come up with?

Las ciencias	Las matemáticas	Las artes liberales	Las ciencias sociales
_____	_____	_____	_____
_____	_____	_____	_____
_____	_____	_____	_____
_____	_____	_____	_____

B. Los menús.   Your students are always complaining about the cafeteria food. With their input, make a schedule of menus for one week and include choices of two entrees, two sides, one dessert, and one beverage.

Lunes: _____

_____

Martes: _____

_____

Miércoles: _____

_____

Jueves: _____

_____

Viernes: _____

_____

Estructuras   *Expressing knowledge and familiarity: Saber y conocer*

C. ¿A quién conoce Ud. ?   It is not what you know but *whom* you know that sometimes gets you ahead. Fill in the blanks with the correctly conjugated form of the verb **conocer.**

Yo (1) _____ al dueño de un restaurante. El dueño (2) _____ a una persona capacitada para ser gerente de su restaurante. El gerente (3) _____ a unas personas emprendedoras que quieren trabajar en la franquicia. ¿(4) _____ Uds. a otras personas que quieren trabajar allí? Yo no (5) _____ a nadie. Pero, yo (6) _____ a mucha gente que quiere comer allí. ¿(7) _____ Uds. a Juan? Él es cocinero. Juan y yo (8) _____ al chef ejecutivo y él le va a dar un trabajo a Juan. Nosotros no (9) _____ a los otros empleados.

D. ¿Saber o conocer?   Fill in the blanks with the correctly conjugated form of either **saber** or **conocer.**

1. El chef ejecutivo _____ a Julia Child.

2. Yo _____ que la franquicia es popular entre la gente.

3. ¿_____ Uds. al dueño de la franquicia?

4. Nosotros _____ que el dueño viene de Nueva York.

5. Los empleados _____ que van a recibir buenos beneficios.

6. El supervisor y yo _____ al trabajador más emprendedor.

7. Yo _____ a la familia del chef.

8. Los cocineros _____ las recetas de los platos especiales.

Servicio a la comunidad

E. El club de FFA.   In many schools, the Future Farmers of America is a popular club. The following is a list of steps to take in order to grow cotton; however, they are not in the proper order. Put the steps in the proper order to get a good crop.

_____ Riegan después de sembrar.

_____ Ponen las semillas en la tierra.

_____ Después de quitar la mala hierba *(weeds),* usan la irrigación cuando no hay lluvia.

_____ Preparan la tierra con el tractor.

_____ Abonan la tierra antes de sembrar.

_____ Quitan la mala hierba.

_____ Cosechan *(harvest)* el algodón.

F. El tiempo. Make complete sentences, using an appropriate activity from column **B** to match a weather situation in column **A**.

<table>
<tr><td>**A**</td><td>**B**</td></tr>
<tr><td>1. _____ Cuando está lloviendo,</td><td>**a.** me gusta nadar en el río.</td></tr>
<tr><td>2. _____ Cuando hace mucho frío,</td><td>**b.** me gusta usar un paraguas.</td></tr>
<tr><td>3. _____ Cuando está nevando,</td><td>**c.** me gusta leer una novela y no salir de casa.</td></tr>
<tr><td>4. _____ Cuando hace sol,</td><td>**d.** me gusta esquiar en la nieve.</td></tr>
<tr><td>5. _____ Cuando hace calor,</td><td>**e.** me gusta ponerme un suéter y un abrigo.</td></tr>
<tr><td>6. _____ Cuando hace mal tiempo,</td><td>**f.** me gusta usar Coppertone.</td></tr>
</table>

Estructuras   *Receiving the action of a verb: El objeto directo*

G. El complemento directo.   In the following sentences, fill in the blanks with the correct direct object pronoun.

Modelo: ¿Las semillas? Ellos _____ van a sembrar ahora.
   ¿Las semillas? Ellos <u>las</u> van a sembrar ahora.

1. ¿La franquicia? El Sr. Martínez _____ va a comprar.

2. ¿El abono? Ellos _____ van a comprar.

3. ¿Las plantas? Yo _____ voy a regar hoy.

4. ¿La lluvia? Los agricultores _____ necesitan pronto.

5. ¿Los insectos? Nosotros _____ usamos para polinizar *(pollinate)* las plantas.

6. ¿El tractor? Miguel _____ usa para preparar la tierra.

7. ¿Los pesticidas? No me gusta usar _____ mucho.

8. ¿La finca? Vamos a visitar _____ mañana.

H. ¿Qué hago?   One of the sponsors of your school's FFA club is a cooperative run by three farmers. The students are in the field with their sponsors and are asking questions about the farmers' activities. Write out the answers the sponsors give in response, using both the negative and the affirmative formal command forms.

Modelo: ¿Preparo la tierra con el tractor?
   Sí, prepárela.
   and
   No, no la prepare.

1. ¿Leo el almanaque? _____

_____

2. ¿Abono la tierra? _____

_____

3. ¿Recojo las frutas de los árboles ahora? _____

_____

4. ¿Empaquetamos los productos hoy? _____

_____

5. ¿Riego las plantas con frecuencia? _____

_____

6. ¿Esperamos la lluvia? _____

_____

7. ¿Protegemos las semillas contra los pájaros *(birds)*? _____

_____

8. ¿Pongo el tractor cerca de la finca? _____

_____

A escribir

Imagine that you are an executive chef for a contractor who provides meals to school cafeterias. You are asked to provide the recipe of one of your most popular dishes to the student chefs. Write out a recipe to share with your students. Remember to use the formal command forms in the recipe.

_____

_____

_____

_____

_____

_____

_____

A leer

Read the following brochure for educators and parents about the importance of breakfast for school-aged children. Then, answer the questions based on the reading.

¡El desayuno es la comida más importante del día! ¿Cuántas veces hemos oído esas palabras? Pero, los expertos siguen insistiendo en que el desayuno es importante para el aprendizaje. Hay muchos niños que salen para la escuela por la mañana sin comer un desayuno nutritivo. Existen muchos estudios que demuestran que los estudiantes con hambre suelen ser irritables, perezosos y con síntomas físicos tanto como psicológicos. Las consecuencias físicas del hambre son dolores del estómago y de la cabeza, fatiga y sueño. Los síntomas psicológicos pueden ser ansiedad, nervios, enojo y confusión. El resultado de estos síntomas es la falta de concentración y la falta de la habilidad de trabajar mental y físicamente en la clase. Pero, los estudiantes que comen un buen desayuno demuestran mejor atención, memoria más rápida, mejor concentración y habilidad de ejecutar las tareas. El desayuno que necesitan los jóvenes escolares es un desayuno balanceado para mantener energía por toda la mañana.

¿No tienen tiempo para preparar comida por la mañana? Hay que ser creativo para hacer desayunos rápidos para los niños de hoy. ¿Por qué no calientan la pizza de anoche en el microondas? ¿Por qué no hacen un sándwich de crema de cacahuete y banana? ¿O un sándwich de pavo acompañado de una manzana? La comida debe representar por lo menos tres de los cuatro grupos nutritivos: productos lácteos, carne, frutas y verduras. Si los niños no quieren comer frutas, pueden comer queso y tomar jugo. Y claro, cereal con fruta les ofrece energía de dos de los grupos alimenticios. ¿No tienen tiempo? ¡Sean creativos!

1. ¿Cómo reaccionan los niños que no comen desayuno? _____

_____

2. ¿Cuáles son los síntomas físicos de niños que no desayunan? _____

_____

3. ¿Cuáles son los síntomas psicológicos de niños que no desayunan? _____

_____

4. Dé por lo menos tres ejemplos de desayunos rápidos pero sanos que les debe gustar a los jóvenes escolares.

_____

_____

_____

Nota cultural

The United States has exported its idea of fast food to many countries around the world. One way other countries take this idea and apply it to their culture is by creating fast food based on their own cultural likes and dislikes. For example, in Paraguay, if you do not want to cook one night, you can just go to the corner roasted-chicken stand and pick up some delicious chickens roasted on open flames. Another way Hispanic countries adopt fast food is to have the actual franchise from the United States but with the addition of something typical adapted to the fast-food genre. For example, at a McDonald's in Guatemala, you can get a "McPanada," or the fast-food version of a Guatemalan *empanada,* which is a stuffed meat pie. When stopping by the McDonald's in Panama, you can pick up a tasty *guanábana* shake... not your average American fare. These franchises are a little piece of America abroad, but with an Hispanic twist.

LECCIÓN 9

Consejos útiles

Módulo 1

Mis padres tienen sueños

A. Las profesiones.   Provide the profession, based on the definition of the person doing the service. Try to determine the meaning of the cognates!

consejero/a	maestro/a	médico/a	programador(a)
arquitecto/a	periodista	profesor(a)	veterinario/a

1. Esta persona trabaja con animales.   _____

2. Esta persona enseña a los niños.   _____

3. Esta persona diseña (*designs*) edificios y casas.   _____

4. Esta persona es reportero de noticias.   _____

5. Esta persona les da consejos a los estudiantes.   _____

6. Esta persona enseña en la universidad.   _____

7. Esta persona ayuda a los enfermos.   _____

8. Esta persona trabaja con las computadoras.   _____

B. ¿Qué tienen en común? Pick a word from the word bank that has something in common with the words provided. Then, write a sentence of your own, explaining what is similar about the two words.

Modelo: abogado

juez   *El abogado y el juez trabajan con ley.*

preparación	educación	colegio
préstamos	carrera	alumno

1. la escuela _____ _____

_____

2. profesión _____ _____

_____

3. becas _____ _____

_____

4. dirección _____ _____

_____

5. estudiante _____ _____

_____

6. estudios _____ _____

_____

Estructuras   *Giving advice and suggestions: Introducción breve al subjuntivo*

C. El subjuntivo. Give the present subjunctive of the following verbs.

Modelo: El director prefiere que el consejero _____ (revisar) el archivo.
     El director prefiere que el consejero revise el archivo.

1. El consejero prefiere que los estudiantes _____ (investigar) varias universidades.

2. La maestra quiere que los alumnos _____ (trabajar) en clase.

3. El estudiante quiere que la universidad _____ (pagar) la matrícula con beca.

4. El consejero prefiere que los estudiantes _____ (llegar) a tiempo para sus citas.

5. Nosotros queremos que los consejeros _____ (ir) a visitar las universidades estatales.

6. Quiero que mis hijos _____ (hacer) comparaciones de costos con otras universidades.

7. El Sr. Menéndez prefiere que nosotros _____ (pedir) préstamos para la educación universitaria.

8. Los estudiantes quieren que la cafetería _____ (servir) buena comida.

D. Las instrucciones. As a counselor, you need to give instructions to your advisee. Tell her that you want or prefer that she do the following things.

Modelo: llenar la solicitud de la universidad
Quiero que llenes la solicitud de la universidad.

1. utilizar bolígrafo negro

_____

2. conocer al enlace con la universidad

_____

3. reducir los gastos con un préstamo

_____

4. investigar varias universidades

_____

5. volver a la oficina con los documentos

_____

6. repetir las instrucciones

_____

7. vestirse bien para visitar la universidad

_____

8. revisar los papeles antes de mandarlos

_____

La educación de adultos

E. En otras palabras. Find the word in the word bank that best suits the definitions that follow.

carrera	frontera	inmigración	disponibles
césped	tutor	puente	ciudadano

1. Un _____ es una persona que tiene todos los derechos civiles y las responsabilidades de una nación.

2. Una _____ es la separación entre países.

3. Un enlace entre terrenos es un _____.

4. Cuando una persona viene de otro país, necesita ayuda con la _____.

5. Una profesión es una _____.

6. Una persona que ayuda a los estudiantes a aprender fuera de clase es _____.

7. La manta *(blanket)* verde que cubre el patio de la casa es _____.

8. Cuando una persona tiene tiempo para una reunión, tiene horas _____.

F. Los sueños de mis hermanos. The mother of one of your students has family interested in coming to the United States. Fill in the blanks with a word from the word bank that best completes the sentences about her brothers.

inmigrar	sueño	idioma	ciudadanía
vocación	informática	alfabetización	comunitaria

Tengo una familia extensa en El Salvador. Mis hermanos, Ramón y Enrique, quieren (1) _____ a

Estados Unidos. Una vez aquí, quieren estudiar porque, aún adultos, no saben leer bien. Por eso, necesitan clases

de (2) _____ para aprender a leer y escribir y también necesitan aprender el inglés como segundo

(3) _____ para ser bilingües. Después de estudiar, van a querer sacar la (4) _____ de Estados

Unidos para poder votar en las elecciones. Enrique tiene otro (5) _____ desde niño. Quiere trabajar

con las computadoras. Yo le sugiero que empiece a estudiar en la universidad (6) _____ donde dan

cursos de (7) _____. La (8) _____ de Ramón es trabajar al aire libre. Un día, quiere tener

su propio negocio.

Estructuras   *More on the subjunctive: Más sobre el subjuntivo*

G. El asistente.   A master teacher is breaking in a new teaching assistant. The master teacher tells the assistant which things the director demands **(exigir),** which things the director recommends **(recomendar),** and which things the director prohibits **(prohibir)** when working with students. Write out the sentences according to the cues given.

Modelo: los maestros/siempre llegar a tiempo
  La directora exige que los maestros siempre lleguen a tiempo.

1. los maestros/empezar clase a tiempo

_____

2. el chofer del autobús/llevar a los estudiantes a la puerta central

_____

3. Uds./tomar un descanso de vez en cuando

_____

4. nosotros/almorzar bien

_____

5. yo/entregar las boletas de calificaciones a tiempo

_____

6. los estudiantes/demostrar falta de respeto en clase

_____

7. tú/traer drogas a la escuela

_____

8. ellos/volver del patio de recreo al mediodía

_____

H. Los maestros.   The director is having a meeting with the teachers and staff. She is giving the teachers advice about how to do a good job and receive a good evaluation. Write out sentences using **sugerir** to express the director's advice.

Modelo: llegar a tiempo
  Sugiero que Uds. lleguen a tiempo.

1. hablar con el consejero sobre los estudiantes con problemas

_____

2. vestirse bien

_____

3. ir al patio de recreo con su clase

_____

4. vigilar a los estudiantes en el pasillo

_____

5. tener tiempo disponible para hablar con padres

_____

6. cooperar con los otros maestros

_____

7. ser profesionales

_____

8. venir al trabajo todos los días

_____

Módulo 2

Es importante continuar las clases

A. Ayuda, por favor. The following e-mails were sent to a central help desk Web site at the university. Read each e-mail and then write the name of the office where the specific services are offered.

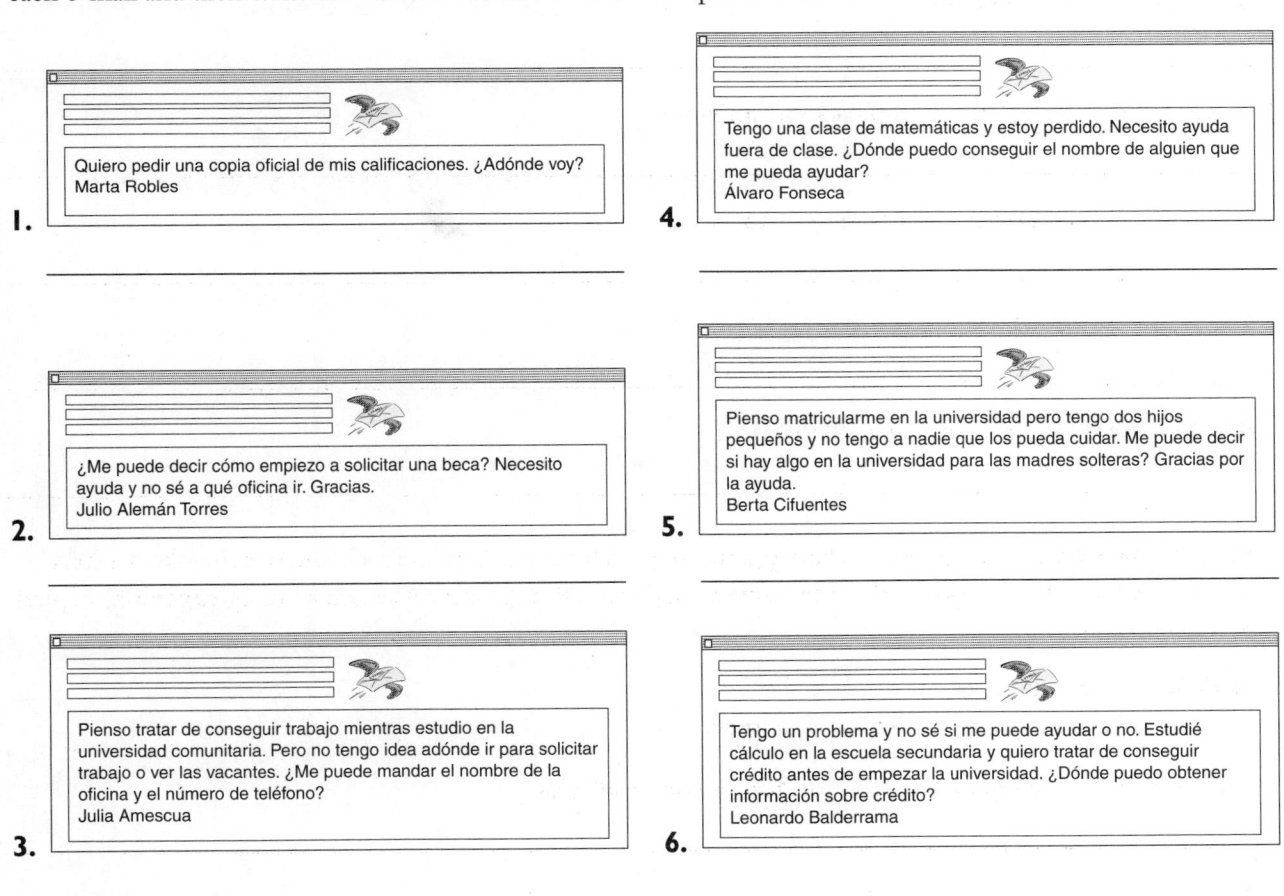

Quiero pedir una copia oficial de mis calificaciones. ¿Adónde voy?
Marta Robles

1.

_____

¿Me puede decir cómo empiezo a solicitar una beca? Necesito ayuda y no sé a qué oficina ir. Gracias.
Julio Alemán Torres

2.

_____

Pienso tratar de conseguir trabajo mientras estudio en la universidad comunitaria. Pero no tengo idea adónde ir para solicitar trabajo o ver las vacantes. ¿Me puede mandar el nombre de la oficina y el número de teléfono?
Julia Amescua

3.

_____

Tengo una clase de matemáticas y estoy perdido. Necesito ayuda fuera de clase. ¿Dónde puedo conseguir el nombre de alguien que me pueda ayudar?
Álvaro Fonseca

4.

_____

Pienso matricularme en la universidad pero tengo dos hijos pequeños y no tengo a nadie que los pueda cuidar. Me puede decir si hay algo en la universidad para las madres solteras? Gracias por la ayuda.
Berta Cifuentes

5.

_____

Tengo un problema y no sé si me puede ayudar o no. Estudié cálculo en la escuela secundaria y quiero tratar de conseguir crédito antes de empezar la universidad. ¿Dónde puedo obtener información sobre crédito?
Leonardo Balderrama

6.

_____

B. Los servicios. Write a sentence describing what each office has to offer in an adult education program.

Modelo: Centro de tutores

El Centro de tutores ofrece ayuda individual en todos los cursos.

1. Centro de reingreso

_____

2. Centro de salud

_____

3. Centro de asistencia escolar

_____

4. Centro de transferencia

_____

5. Centro de orientación vocacional

_____

6. Evaluaciones

_____

Estructuras   *Giving recommendations: El subjuntivo con expresiones impersonales*

C. Unas sugerencias. You are an advisor counseling a returning adult student. He asks for some basic advice about what to do and what not to do to succeed in his adult education courses. Write sentences, using an impersonal expression and the **Ud.** form in the subordinate clause.

Modelo: conseguir los libros en la librería

Es preferible que consiga los libros en la librería.

1. pedir ayuda en el Centro de tutores

_____

2. tener un buen horario

_____

3. conocer a otros estudiantes en el programa

_____

4. utilizar el Centro de salud cuando sea necesario

_____

5. cumplir con los requisitos de la clase

_____

6. tomar buenos apuntes en clase

_____

7. buscar trabajo en la Oficina de ayuda financiera

_____

8. faltar a clase

_____

D. Más sugerencias.   Your friend Magda is returning to night school to pursue her GED. When she asks for advice, make suggestions using an impersonal expression and the **tú** form in the subordinate clause.

Modelo: ¿Dónde puedo dejar a mis niños cuando estoy en clase?
    Es necesario que dejes a tus niños en la guardería.

I. ¿Debo llegar temprano a clase?

_____

2. ¿Necesito vestirme en ropa formal?

_____

3. ¿Le llevo un regalo al profesor?

_____

4. ¿Practico el inglés mucho?

_____

5. ¿Pido una beca?

_____

6. ¿Lleno todos los formularios?

_____

7. ¿Tengo que saber bien el inglés antes de tomar la clase?

_____

8. ¿Voy a la biblioteca todas las noches?

_____

¡Qué bueno que empiece la carrera!

E. Las emociones.   Give the synonym from the word bank that best expresses the same emotion.

Tengo miedo de que	Me alegro de que	No creo que
Es probable que	Recomiendo que	Es bueno que

1. Dudo que   _____

2. Estoy contento/a de que   _____

3. Temo que   _____

4. Sugiero que   _____

5. Me gusta que   _____

6. Es posible que   _____

F. ¡A emparejar!   Find the definition in column **B** that best explains the vocabulary in column **A**.

A	B
1. _____ abogado	**a.** un documento que da licencia
2. _____ inmigrante	**b.** exigencias o necesidades
3. _____ cita	**c.** tareas que hay que hacer
4. _____ requisitos	**d.** una persona que viene a otro país
5. _____ permiso	**e.** una persona que trabaja en el sistema jurídico
6. _____ quehaceres	**f.** soporte o sustento
7. _____ recursos	**g.** una reunión a una hora específica
8. _____ apoyo	**h.** los medios disponibles que uno tiene

Estructuras   Expressing emotion and doubt: El subjuntivo con expresiones de emoción y duda

G. Las emociones.   Your friend Magda is now fully into her semester in the adult education program. Respond to her statements, using one of the following expressions: **Estoy contento/a de que... , No creo que... ,** or **Siento que...**

Modelo: Estoy muy nerviosa.
       Siento que estés muy nerviosa.

1. No entiendo todo en clase.

_____

2. Generalmente, saco buenas notas en las pruebas.

_____

3. Soy muy vieja para regresar a la escuela.

_____

4. A mis hijos les gusta la guardería.

_____

5. Voy a sacar una nota baja.

_____

6. Organizo bien mi tiempo.

_____

7. No duermo bien por la noche.

_____

8. Busco ayuda con los tutores.

_____

H. La consejera.   The adult education advisor, Gilma, speaks with an incoming ESL student, Ricardo Cabal. Read the dialogue and fill in the blanks with the subjunctive or indicative of the verbs indicated.

GILMA: Bueno, Ricardo, creo que tú (1) _____ (ir) a tener un buen trimestre.

RICARDO: Gracias por tu entusiasmo, Gilma. Pero no creo que (2) _____ (tener) todo en orden.

GILMA: No hay problema. Recomiendo que me (3) _____ (decir) lo que necesitas.

RICARDO: Primero, ¿es posible que ellos me (4) _____ (encontrar) trabajo de media jornada?

GILMA: Sí, es posible. Te sugiero que (5) _____ (pedir) la solicitud en la Oficina de ayuda financiera.

RICARDO: Gracias, Gilma. Otra pregunta. ¿Es posible que ellos (6) _____ (querer) contratar a una persona como yo para el laboratorio de idiomas?

GILMA: ¡Cómo no! Hablas español perfectamente y, basado en tu experiencia, es obvio que tú (7) _____ (saber) algo de la tecnología.

RICARDO: Me gusta mucho que tú (8) _____ (ser) mi consejera, Gilma. ¡Me ayudas mucho!

A escribir

You have an adult friend from another country who wants to pursue studies in English, citizenship, and then possibly a vocation. Think about the advice you would give to your friend and then write a list of at least ten things that are pertinent to his or her situation. Remember to use a verb of volition in the main clause and the subjunctive in the subordinate clause.

Modelo: *Te sugiero que pidas información en la universidad comunitaria.*

_____

_____

_____

_____

_____

_____

_____

_____

_____

A buscar

Go to the website at iteslj.org/links and you will find a wealth of links that will be of interest to the ESL teacher. There is information on discussion groups, materials for purchase, technology usage in the classroom, grammar, linguistics, teaching tips, and more. Choose an area that would be helpful to you in the classroom and develop a plan for use.

A leer

Read the following information from the Bureau of Labor Statistics on ESL teachers. Then, prepare your own ideas of the types of tools you could use to reach such a diverse classroom population. What life skills would you bring into the classroom and how?

Los maestros que enseñan el inglés como segundo idioma (ESL) también les dan instrucciones en la vida práctica, las matemáticas, la salud, la ciudadanía y temas vocacionales. Usan situaciones de la vida verdadera para ayudar a los estudiantes. Por ejemplo, para una lección de lectura, pueden utilizar una solicitud de trabajo o un arrendamiento de apartamento. Los estudiantes avanzados se enfocan en las habilidades de escritura y conversación y vocabulario más difícil. Los maestros tienen que trabajar con una gran variedad de culturas y habilidades en las clases. Algunos estudiantes pueden tener su licenciatura universitaria y aprenden rápidamente mientras otros no han terminado la escuela primaria.

Nota cultural

Many ESL programs dealing with immigrant adult learners in the United States work with a wide variety of cultures and educational backgrounds. Teachers tend to invidiualize lessons, depending on the needs of the student body. For example, if an advanced class has learners with college degrees from their own countries as well as students who are at the fourth- or fifth-grade level, teachers may have students write compositions or keep journals and assess them based on ability. Cultural variety also dictates that the teacher be sensitive and adept in communicating the nuances of the target language to students, approaching it from many different backgrounds.

LECCIÓN 10

La universidad

Módulo 1

La solicitud de admisión

A. Tengo que hacer planes.   You are a junior in high school and you need to make plans for college. Use the following words in sentences, stating what you are doing this year to prepare for after graduation.

Modelo: participar/actividades
Participo en actividades deportivas, sociales y de la comunidad.

1. reunirse/consejero

_____

2. explorar/oportunidades

_____

3. investigar/especializaciones

_____

4. pensar/composición

_____

5. visitar/universidades

_____

6. organizar/papeles

_____

7. planificar/visitas

_____

8. mantener/promedio

_____

B. ¿Qué hace Alejandro?   Alejandro is a junior in high school and he is busy preparing to apply to universities. Fill in the blanks with the words that best complete the sentences to see what things are keeping him so busy.

becas	carreras	exámenes estandarizados	sueños
clubes	recomendaciones	ensayo personal	entrevistas

1. Participa en los _____ de drama y de idiomas.

2. Quiere pedirles _____ a sus profesores de matemáticas y de inglés.

3. Está escribiendo el borrador _(draft)_ del _____.

4. Investiga _____ por Internet. Le interesa ser o arquitecto o ingeniero.

5. Piensa solicitar _____ estatales y de grupos privados para ayudar con el costo de la mátricula.

6. Tiene miedo de las _____ que tiene con los oficiales de admisión porque le hacen muchas preguntas.

7. El sábado por la mañana va a tomar el ACT, uno de los _____.

8. Desde niño, Alejandro ha querido ir a una academia militar. Si lo aceptan, sería la realización de sus

_____.

Estructuras   *Discussing past activities: Introducción al pretérito*

C. El horario de la visita.   Alejandro visited a university and accompanied an upper-level student for the day. He prepared his planner to help him get through the day. At the end of the day, Alejandro makes a list of what he did, so he can compare it with visits to other universities.

Modelo: 7:30/salir para la cafetería
Yo salí para la cafetería a las siete y media.

7:30	salir para la cafetería
8:00	recoger el horario del Centro estudiantil
8:30	buscar el edificio de la primera reunión
9:00	arreglar una cita en la Facultad de ingeniería
9:30	leer las opciones de planes para la cafetería
10:00	preparar la solicitud para ayuda financiera
10:30	comprar un refresco en el café
11:00	
11:30	darle la solicitud al oficial
12:00	almorzar con Tomás, el guía

_____

_____

_____

_____

_____

_____

_____

_____

_____

D. ¿Cuánto tiempo hace que... ?   How long ago did the following people do the following things? Write a sentence according to the cues given.

Modelo: los asistentes/recibir capacitación profesional/dos años
Hace dos años que los asistentes recibieron capacitación profesional.

I. yo/escribirle a la Oficina de admisiones/tres meses

_____

2. Uds./cancelar una cita/tres semanas

_____

3. la consejera/tomar un mensaje/diez minutos

_____

4. nosotros/volver a visitar la universidad/seis meses

_____

5. Ud./comprar un auto usado/un año

_____

6. yo/descubrir un error en la solicitud/dos meses

_____

7. tú/ver a tus amigos/dos días

_____

8. el orientador/reunirse con el estudiante/tres semanas

_____

Becas, préstamos y otros programas

E. ¡Saca la billetera! Cecilia is thinking about all the money necessary for college. Fill in the blanks with a word from the word bank that best completes the sentence.

transporte	gastos	alojamiento	intereses
mátricula	beca	comida	seguro médico

1. En la universidad, para mi _____, quiero vivir en una residencia estudiantil.

2. Voy a pagar la _____ por sacar clases en la universidad.

3. En la cafetería, busco una hamburguesa u otro tipo de _____.

4. Como no tengo auto, voy a utilizar bicicleta como _____ en la universidad.

5. En caso de emergencia de salud, necesito tener _____ para pagar por el cuidado médico.

6. También, necesito dinero para comprar libros, útiles y otros _____ no cubiertos por la matrícula y el alojamiento.

7. Tengo un promedio alto de la escuela secundaria y una nota alta en el examen estandarizado. Pienso pedir una _____ para cubrir parte de los gastos.

8. Si pido un préstamo, tengo que pagar _____ o una cuota extra además del monto del dinero pedido.

F. Tengo muchas preguntas.   Read the following e-mail questions that were posed by adult learners to a counseling center. Then, match the questions with the appropriate responses.

1. _____ Pregunta:

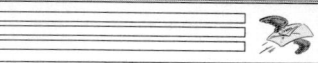

Terminé la escuela secundaria con un promedio bajo y nunca tomé exámenes estandarizados. Ahora que tengo 38 años, estoy motivado y quiero estudiar para sacar un título. ¿Me aceptará la universidad?

2. _____ Pregunta:

¿Hay servicios especiales para el estudiante no tradicional?

3. _____ Pregunta:

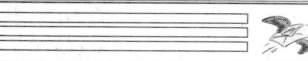

¿Tiene Ud. sugerencias? Tengo miedo de regresar a la universdad porque tengo 42 años. Ya no soy como los otros estudiantes y temo sentirme "fuera de lugar" si trato de regresar a la universidad.

4. _____ Pregunta:

¿Hay ayuda financiera? Quiero sacar unas clases en la universidad comunitaria que queda cerca de mi casa. Pero, trabajo mucho y sin el dinero del trabajo, no puedo pagar la matrícula.

a. Respuesta:

¡No se preocupe! El grupo demográfico que está creciendo más rápidamente ahora en las universidades es el grupo de estudiantes no tradicionales, o sea, de personas de todas edades. Más de 40 por ciento tienen más de 25 años. Creo que Ud. estará muy cómodo en la ciudad universitaria hoy en día.

c. Respuesta:

Hay mucha flexibilidad académica ahora en las instituciones educativas. Muchas tienen clases por la noche o los fines de semana. También, ofrecen programas por televisión, por Internet y por conferencia de vídeo. Esta flexibilidad ayuda al estudiante que tiene responsabilidades fuera de los estudios, como trabajo, familia, etc.

b. Respuesta:

Si su historia académica no es tan buena como quisiera, no se preocupe. Muchas universidades saben que los adultos mejoran su trabajo con la madurez porque ya toman la educación en serio. A esos estudiantes muchas veces les dan la oportunidad de empezar de nuevo. Y cursos viejos pueden ser parte del crédito del nuevo título. Las notas no se transfieren, sólo el crédito.

d. Respuesta:

Muchas instituciones tienen centros de reentrar, programas especiales y servicios de apoyo para los adultos. Hay guarderías para niños y, muchas veces, ayuda financiera para pagarlas.

Estructuras   *More on the preterite: Verbos irregulares*

G. ¿Qué hizo Ud.?   What did the following candidates do to find the right school and prepare for attendance? Explain what they did, according to the cues given.

Modelo: yo/ver los folletos de la universidad
Yo vi los folletos de la universidad.

1. Alberto/conocer a un ex-alumno de la universidad

_____

2. Uds./leer información sobre ayuda económica

_____

3. Mis padres y yo/ir a visitar la universidad

_____

4. yo/querer hablar con un consejero

_____

5. tú/hacer un ensayo personal

_____

6. tres oficiales/estar en la entrevista

_____

7. Margarita/tener buenas calificaciones

_____

8. Ud./saber los gastos de matrícula, transporte y libros

_____

H. Durante la visita.   Imagine that you are a prospective student and you visited a university campus with your parents. Write a list of five things you did while you were there and five things your parents did during the visit.

Modelo: *Yo preparé los papeles. Mis padres me dieron dinero.*

_____

_____

_____

_____

_____

_____

_____

_____

Módulo 2

¡Cuánto tuve que estudiar!

A. Renita empezó sus estudios. Renita returned to school and attended a special registration and preparation day for nontraditional students. Write a sentence, explaining what Renita did in each of the following areas.

Modelo: la cafetería

Renita comió desayuno y tomó café en la cafetería.

1. admisiones y matriculación

_____

2. consejeros

_____

3. centro para carreras y opciones profesionales

_____

4. ayuda financiera

_____

5. caja

_____

6. centro para el éxito estudiantil

_____

B. Los problemas de Nico.   Nico had problems in a history class and went to the Center for Student Success for help. He will retake the class and this time he wants to be ready to do well. First, read the dialogue between Nico and his counselor. Following the dialogue, write a list of sentences that outline what you did to achieve better reading comprehension, incorporating the ideas of Nico's counselor and adding a few of your own.

NICO:	No sé por qué tuve tantos problemas con la clase. Leí todos los capítulos que nos dio el profesor. Pero, no salí bien en los exámenes.
CONSEJERO:	Bueno, explícame lo que hiciste cuando leíste.
NICO:	Empecé al principio del capítulo y leí hasta terminar. Pero, cuando hice los ejercicios al final del capítulo, no recordé nada.
CONSEJERO:	Te voy a dar unas sugerencias para la próxima vez, Nico. Primero, cuando empiezas, lee primero los títulos de las diferentes partes del capítulo para saber de qué se trata. Segundo, lee los ejercicios y preguntas al final del capítulo. ¡Te dan una idea de qué se trata la lectura antes de leerla! Ahora, haz un esquema escrito de las partes del capítulo, dejando espacio para apuntes tuyos.
NICO:	¡Y todavía no he leído nada del capítulo!
CONSEJERO:	Exacto. Pero, tienes una idea de los temas antes de empezar. Ahora puedes leer todo simplemente para tener una idea ligera del tema. La segunda vez es cuando prestas más atención a los detalles. Cuando lees la primera parte, apunta la idea principal en no más de dos frases. Eso te ayuda a buscar lo más importante. Puedes seguir con las otras partes y leer el capítulo una tercera vez para completar todo.
NICO:	Gracias por los consejos. Voy a utilizar este plan para la clase y creo que voy a tener éxito.

Modelo: *Primero, yo leí el título y los títulos de las partes de la lectura.*

_____

_____

_____

_____

_____

_____

_____

_____

Estructuras   *Relating past activities: Verbos en -ir con cambios en el pretérito*

C. Las acciones de los estudiantes PREP.   As a member of student PREP, you are always ready to lend a hand in the orientation sessions for the new freshmen. At a recent PREP session, you and your colleagues were busy. Explain what you did and then explain that the other volunteers did the same.

Modelo: sentirse bien al ayudar a los nuevos estudiantes
     Yo me sentí bien al ayudar a los nuevos estudiantes.
     Mis compañeros se sintieron bien al ayudar a los nuevos estudiantes.

1. repetir las instrucciones

_____

_____

2. preferir trabajar con los estudiantes no tradicionales

_____

_____

3. seguir al grupo a la primera sesión

_____

_____

4. elegir llevarlos a visitar el estadio

_____

_____

5. traerles folletos con información de clubes estudiantiles

_____

_____

6. servir refrescos durante el descanso

_____

_____

7. no mentirles sobre la vida académica

_____

_____

8. pedirles ayuda a los consejeros

_____

_____

D. El Centro para el éxito estudiantil. You and your friends work as peer tutors in the Center for Student Success. After you explain what you did, a friend always counters with what Amanda, who is another friend, has done.

Modelo: Nosotros no dormimos mucho por la noche durante la orientación.
Amanda no durmió mucho por la noche durante la orientación tampoco.

1. Le trajimos folletos al estudiante que vino tarde.

_____

2. No les mentimos a los nuevos estudiantes.

_____

3. Pedimos folletos extras de servicios gráficos.

_____

4. Nos sentimos nerviosos cuando empezó la orientación.

_____

5. Repetimos las instrucciones.

_____

6. Servimos café por la mañana.

_____

7. Estuvimos en el estadio por la tarde.

_____

8. Elegimos trabajar la próxima vez también.

_____

¡Ya me gradué!

E. El significado. Write a definition in Spanish for the following words or phrases.

1. ramos: _____

2. ceremonia: _____

3. licenciatura: _____

4. podio: _____

5. globos: _____

6. toga: _____

7. bonete: _____

8. discurso: _____

F. A emparejar. Match the definitions in column **B** with the words they describe in column **A**.

A	B
1. _____ comité	**a.** el jefe de una facultad
2. _____ revisar	**b.** determinar la talla, la medida
3. _____ requisitos	**c.** mirar algo de nuevo, otra vez
4. _____ decano	**d.** completar
5. _____ cumplir	**e.** las cosas obligatorias
6. _____ medir	**f.** grupo de personas que se reúne para tomar una decisión

Estructuras   More past activities: Usos del pretérito

G. Antes de la ceremonia.   The dean of the Department of Arts and Sciences, Carlos Restrepo, did a lot of work for graduation. Fill in the blanks with the correctly conjugated form of the verbs in parentheses, using the preterite tense.

El decano (1) _____ (empezar) el día a las 7:30 de la mañana. Primero, (2) _____ (confirmar) los nombres de los estudiantes para graduación. A las ocho, el Dr. Restrepo (3) _____ (tener) una cita con una estudiante y sus padres. La estudiante, Elena Díaz, no (4) _____ (terminar) todos los requisitos y no (5) _____ (poder) graduarse. Sus padres (6) _____ (sentirse) mal pero después de hablar con el Dr. Restrepo, ellos (7) _____ (salir) con un plan para el futuro. El decano les (8) _____ (decir) que Elena podía graduarse en el verano. Después de la reunión, el decano y su asistente (9) _____ (reunirse) para revisar todo para la ceremonia. El Dr. Restrepo (10) _____ (pedir) su toga y bonete y su asistente se los (11) _____ (dar). Él (12) _____ (vestirse) y (13) _____ (practicar) el discurso de despedida. Al mediodía, el decano y el asistente (14) _____ (ir) a comer. ¡Mañana, la ceremonia!

H. La graduación. It took many people and a lot of work to prepare for graduation. Fill in the blank with the preterite form of the verb in parentheses.

Modelo: Las familias _____ (asistir) a la ceremonia.
        Las familias <u>asistieron</u> a la ceremonia.

1. Yo _____ (probarse) la toga y el bonete.

2. Los estudiantes _____ (ponerse) la toga y el bonete.

3. Los invitados _____ (sentarse) en el auditorio.

4. Nosotros _____ (saber) las notas por Internet.

5. Uds. le _____ (traer) regalos al graduado.

6. El presidente _____ (pronunciar) un discurso.

7. Yo _____ (sacar) fotos para el anuario.

8. Los estudiantes _____ (seguir) al primero al podio.

A escribir

You have worked long and hard to reach your goal of graduation. Write a journal entry describing all the things you did in order to reach this goal.

Modelo: *Preparé la solicitud y la entregué en la Oficina de admisiones.*

_____

_____

_____

_____

_____

_____

_____

_____

_____

A leer

Read the following report on President George W. Bush's educational initiatives for Hispanic children in the United States. Answer the questions that follow.

En 2001, la Comisión Consultiva Presidencial para la Excelencia de la Educación de los Hispanoamericanos desarrolló un plan de acción para cerrar la brecha educativa de los niños hispanoamericanos, el grupo minoritario más grande de Estados Unidos. La comisión trabajó por dieciocho meses y encontró que uno de cada tres estudiantes hispanoamericanos no termina la escuela secundaria y sólo diez por ciento se gradúa de la universidad. La comisión también declaró que las familias hispanoamericanas carecen del conocimiento para cumplir con las expectativas altas que tienen para sus hijos. El reporte de la comisión estableció recomendaciones para resolver este problema. Una de las recomendaciones es establecer nuevas expectativas para los niños hispanoamericanos en cuanto a la educación. La comisión quiere empezar una campaña para ayudar a las familias hispanoamericanas a cumplir con sus metas académicas. Otra recomendación es asegurar el acceso a la universidad para los hispanoamericanos. La comisión quiere que las universidades exploren más programas de retención para los estudiantes hispanoamericanos. Quiere que el gobierno coordine los programas federales para mejor servir a las familias hispanoamericanas.

1. ¿En qué año se formó la comisión?

_____

2. ¿Qué fue el objetivo de la comisión?

_____

3. ¿Cuántos estudiantes hispanoamericanos terminan la escuela secundaria?

_____

4. ¿Cuántos se gradúan de la universidad?

_____

5. ¿Por qué no tienen suficiente éxito académico los hispanoamericanos?

_____

6. ¿Cuáles son algunas de las recomendaciones de la comisión?

_____

_____

Nota cultural

When referring to Hispanics in the United States, remember that we are not referring to people from one ethnic background. Hispanics are from multiple cultures whose roots stem from a wide variety of indigenous, racial, and political bases. Therefore, while it is wise to remember these differences, it is also advisable to realize that there are shared traditions that can aid educators in developing insights into working with Hispanics as a group and as individuals.

LECCIÓN 11

Entonces y ahora

Módulo 1

Así era

A. ¡A llenar el espacio en blanco!   Fill in the blank with the word from the word bank that best completes the sentence.

dulcería	biblioteca	inalámbrico
patio de recreo	buscador	centro comercial

1. Un edificio que contiene muchos libros es una _____.

2. El lugar de niños con estructuras para subir es un _____.

3. Un edificio en que hay muchas tiendas y lugares para comer es un _____.

4. Un teléfono sin cuerda es un teléfono _____.

5. Una tienda en que compramos caramelos y chicle es una _____.

6. Cuando hacemos investigaciones por Internet, utilizamos un _____.

B. Usando un motor de búsqueda.   When Celina was working on her degree, she did a lot of research on the Internet. Read the following description of the Internet searching that Celina used to do and fill in the blanks with the word from the word bank that best completes the sentence.

enlaces	palabras claves	motor de búsqueda	usuario
investigaciones	banderas de publicidad	contraseña	sitios

Hacía muchas (1) _____ por Internet cuando estudiaba en la universidad. Primero,

tenía que hacer clic en el (2) _____. Ahora podía empezar la búsqueda. En el campo,

siempre escribía unas (3) _____ para explicar lo que buscaba. Después de hacer clic

otra vez, encontraba una lista de (4) _____ donde podía encontrar información sobre

el tema que me interesaba. Mientras buscaba siempre veía unas (5) _____ porque hay

muchas compañías que querían vender productos. A veces, los sitios me daban direcciones electrónicas de otros

sitios. Estas direcciones eran (6) _____ con otros lugares sobre el mismo tema.

Muchas veces, tenía que ser "miembro" para entrar en un sitio. Para hacerme miembro, necesitaba una

(7) _____ para hacerse (8) _____ del sitio.

Estructuras   *Describing past situations: El imperfecto*

C. ¿Siempre, con frecuencia o a veces?   Explain if, when you were younger, you always performed the
following actions, did them frequently, or just did them sometimes. Because you are talking about habitual actions,
use the imperfect tense.

Modelo: utilizar el procesador de texto
        Utilizaba el procesador de texto con frecuencia.

1. leer la publicidad en Internet

_____

2. trabajar en una computadora portátil

_____

3. jugar partidos en la computadora

_____

4. ir a la biblioteca

_____

5. escribirles correos electrónicos a mis amigos

_____

6. navegar por Internet

_____

7. hacer llamadas por teléfono de disco

_____

8. ver televisión

_____

D. Antes y ahora. Fill in the blanks with the correctly conjugated form of the verbs in parentheses, using the imperfect tense when it deals with the past and the present tense for now.

Modelo: Antes nosotros _____ (jugar) deportes pero ahora _____ (jugar) partidos de vídeo.

Antes nosotros <u>jugábamos</u> deportes pero ahora <u>jugamos</u> partidos de vídeo.

1. Antes yo _____ (recibir) muchas cartas pero ahora _____ (recibir) correo electrónico.

2. Antes Uds. _____ (ir) al cine pero ahora _____ (ir) a las tiendas de vídeo.

3. Antes Miguel _____ (navegar) por el océano pero ahora _____ (navegar) por Internet.

4. Antes tú _____ (utilizar) la pantalla de la televisión pero ahora _____ (utilizar) la pantalla de la computadora.

5. Antes los adultos _____ (preocuparse) por sus memorias pero ahora _____ (preocuparse) por la memoria de la computadora.

6. (decir) Antes yo _____ (decir) la palabra red cuando pescaba pero ahora _____ (decir) la palabra cuando uso la computadora.

7. Antes nosotros _____ (conseguir) libros en la librería pero ahora _____ (conseguir) libros en Internet.

8. Antes ellos _____ (hacer) investigaciones en la biblioteca pero ahora _____ (hacer) investigaciones en Internet.

Entrevistas

E. Mi historia personal. Match the definitions in column **B** with the words they describe in column **A**.

A	B
1. _____ soldado	**a.** el cuento hablado del pasado de una familia
2. _____ maratón	**b.** vecindario, suburbio, distrito
3. _____ generación	**c.** persona en el servicio militar de su país
4. _____ remedio casero	**d.** serie de preguntas orales
5. _____ historia oral	**e.** un baile largo o una carrera larga
6. _____ entrevista	**f.** un grupo de personas que nacieron y vivieron en un período de 30 años
7. _____ antepasados	**g.** una tradición cultural de tratamiento medicinal
8. _____ barrio	**h.** las personas de las cuales somos descendentes

F. La entrevista.   Write a list of eight questions to use in interviewing one of your ancestors about what he or she used to do in his or her past. Remember to use the imperfect tense.

Modelo: *¿Qué deportes jugabas cuando eras niña?*

_____

_____

_____

_____

_____

_____

_____

_____

Estructuras   *More on the imperfect: Estados mentales, físicos y más*

G. ¡Llegó la maestra!   Your teacher had to respond to a call from the office. State what everyone in the classroom was doing when she returned.

Modelo: la asistente/gritar
              La asistente gritaba cuando llegó la maestra.

1. Liliana/buscar crayones

_____

2. yo/navegar por Internet en la computadora de clase

_____

3. mi compañera/jugar con Miguel

_____

4. nosotros/hacer aviones de papel

_____

5. Uds./beber el jugo de la lonchera

_____

6. tú/escribir en la pizarra

_____

7. Marta/tener una pelea con Julio

_____

8. Susana y Guillermo/descansar

_____

H. ¿Cómo se sentía?   How did the following people feel when certain things happened? Fill in the blanks with the correctly conjugated form of the verbs in parentheses, using the imperfect or preterite tense.

Modelo: Yo _____ (estar) enferma cuando mi esposo _____ (salir) para el trabajo.
   Yo _estaba_ enferma cuando mi esposo _salió_ para el trabajo.

1. Ramón _____ (sentirse) incómodo cuando _____ (ir) a la oficina del director.

2. Yo _____ (estar) cansado/a cuando el entrenador me _____ (pedir) ayuda.

3. Nosotros _____ (sentirse) furiosos cuando ellos _____ (cerrar) la escuela.

4. Ud. _____ (tener) sueño cuando el vendedor _____ (venir) a su oficina.

5. Mi asistente no _____ (saber) que hacer cuando _____ (sonar) la alarma.

6. Yo _____ (tener) hambre cuando nosotros _____ (terminar) el trabajo a las doce.

Módulo 2

La historia oral

A. Las palabras relacionadas.   Using the vocabulary from the textbook, provide the word related to the new word given. Then, determine the meaning of the new word.

Modelo:	Vocabulario nuevo	Vocabulario del texto	Significado
	biográfico	_biografía_	_biographical_

Vocabulario nuevo	Vocabulario del texto	Significado
1. título	_____	_____
2. comunión	_____	_____
3. instituto	_____	_____
4. astronomía	_____	_____
5. guerrero	_____	_____
6. pacífico	_____	_____
7. lunático	_____	_____
8. revolucionario	_____	_____

B. Las materias.   Read the titles of the following books and fill in the blanks with the category from the word bank in which they belong.

> biografía   estudios sociales   lengua   historia

Título	Categoría
1. *Gramática española*	_____
2. *Genio y figura de Pablo Neruda*	_____
3. *América Latina en la época colonial*	_____
4. *Sistemas políticos de América Latina*	_____
5. *Lingüística moderna y filología*	_____
6. *Homenaje a Rosario Castellanos*	_____
7. *¿Qué es la sociedad?*	_____
8. *Historia antigua de México*	_____

Estructuras   *Narrating in the past: El pretérito y el imperfecto*

C. Antes y ayer.   In the past you used to do things one way, however, yesterday you broke the pattern.

Modelo: ver televisión/trabajar en la computadora
   Antes yo veía televisión pero ayer trabajé en la computadora.

1. escribir cartas largas/mandar un correo electrónico

_____

2. ir a las tiendas/hacer compras por Internet

_____

3. preparar todo en la máquina de escribir/guardar todo en la computadora

_____

4. conversar con mi familia por teléfono/comunicarse en una sala de charla

_____

5. buscar libros en la biblioteca/hacer investigaciones en la Red

_____

6. jugar a Pac Man/escuchar música en iPod

_____

7. revelar fotos en la tienda/sacar fotos con una cámara digital

_____

8. usar una lista de mandados/utilizar mi agenda del Palm

_____

D. Mi colega fenomenal. You have a coworker, Beatriz, who is very hardworking. Last month, she was always doing two things at once. Explain one thing Beatriz was doing while she was also performing another task.

Modelo: archivar los documentos/contestar el teléfono
Beatriz archivaba los documentos mientras contestaba el teléfono.

1. escribir/hablar conmigo

_____

2. explicar el problema/comer

_____

3. navegar por la Red/escuchar música

_____

4. jugar en la computadora/charlar por teléfono

_____

5. buscar una boleta de calificaciones/decirle el problema al director

_____

6. desarrollar un proyecto/beber un refresco

_____

7. leer un libro/ver televisión

_____

8. corregir exámenes/hacer una llamada por teléfono celular

_____

La historia del futuro

E. El aparato de mis sueños. After reading about the technology of the future in your textbook on pages 316–318, make a list of the machines of your dreams. What do the machines do and how can they help you?

Modelo: *Quiero un aparato para planear mi día en la escuela y en la casa—*
algo como la pantalleradora pero con acceso a información no sólo del refrigerador.

_____

_____

_____

_____

_____

_____

_____

_____

_____

F. El inventario. Now, make a list of electronic devices you currently use. Tell which ones you like and why. If you do not like a device, explain why.

Modelo: *Tengo un teléfono celular. Me gusta porque puedo comunicarme con todo el mundo y lo*
puedo llevar conmigo. Es portátil.

El inventario

_____

_____

_____

_____

_____

_____

_____

_____

_____

_____

_____

_____

Estructuras   *Contrasting past tenses: El pretérito y el imperfecto*

G. ¡Se apagaron las luces!   Fill in the blanks with the correctly conjugated form of the verbs in parentheses, using either the preterite or the imperfect tense.

(1) _____ (Ser) las diez de la noche cuando se apagaron las luces de la casa. Yo (2) _____ (leer) un libro y mis hijos (3) _____ (hacer) la tarea cuando esto pasó. Yo (4) _____ (poner) mi libro en el escritorio y (5) _____ (salir) de la casa para investigar la causa. Yo (6) _____ (tener) mucho miedo y (7) _____ (sentirse) nervioso. Pero, mi vecino me (8) _____ (decir) que él no (9) _____ (tener) luz en su casa tampoco.

H. Roberto fue de compras.   Fill in the blanks with the correctly conjugated form of the verbs in parentheses, using either the preterite or the imperfect tense.

Una noche, Roberto (1) _____ (trabajar) en la computadora. Él (2) _____ (hacer) un informe sobre un aparato nuevo. En un sitio de la Red, Roberto (3) _____ (encontrar) una foto del aparato. (4) _____ (Decidir) imprimirla para su informe. Pero, Roberto no (5) _____ (tener) papel para la impresora. Roberto (6) _____ (salir) de la casa y (7) _____ (ir) a la tienda. Él (8) _____ (estar) cansado y (9) _____ (tener) hambre pero primero... ¡el informe! (10) _____ (Comprar) el papel y (11) _____ (volver) a casa.

A escribir

You are planning to create your own Web page and you need to start with ideas. Make an outline of the information you want to include and then choose one topic and write the text that pertains to it in Spanish.

_____

_____

_____

_____

_____

_____

_____

_____

A buscar

In order to understand the business of Web design and hosting, visit the Web site www.tusprofesionales.net/profesionales. When you click on *dominios, hosting,* or *alta en buscadores,* you will gain a greater understanding of the technology and the Spanish involved.

A leer

Read the following advertisement and then search the Web for similar products for comparison. What are the advantages of this product as opposed to other products? What do other products have to offer that this one does not?

La zípica

Son pequeños reproductores de música que caben en una mano y te permiten bajar tus canciones favoritas de Internet y escucharlas. Con estos aparatos, también puedes copiar canciones de tus propios discos compactos. Es la forma más compacta y accesible de obtener música en este momento. Los reproductores permiten grabar hasta 70 minutos de audio digital en un disco de 40MB. Tienen un sistema antisaltos que te ayuda a no perder ni un segundo de música. Tienen funciones para avanzar y retroceder que te permiten obtener acceso instantáneo a tus canciones preferidas. Y, aunque no lo creas, tienen un ecualizador programable.

_____

_____

_____

_____

_____

_____

Nota cultural

It may come as a surprise to learn that U.S. Hispanic Internet users spend more time online than U.S. Internet users overall (*PCWorld.com*, January 27, 2003). Of utmost importance to this group is that content be culturally relevant, not just a translation of existing sites. Hispanic Internet users find such material by using servers created for an international Spanish-speaking population, and represent a large percentage of visitors to international news sites. Examples of portals used by U.S. Hispanics are quepasa.com, terra.com, portalmix.com, and esmas.com. Why? Ethnicity is defined not only by shared language, but by culture as well. And these portals provide a full range of coverage in news, sports, entertainment, and finance.

Repaso II

Lección 7: La educación alternativa

A. ¿Qué se hace…? Give a list of the steps taken to apply, to register, and to study at a charter school. Use the impersonal **se** to create your responses.

Modelo: conseguir una solicitud
Se consigue una solicitud.

1. llenar la solicitud

_____

2. escribir la fecha en la solicitud

_____

3. firmar la solicitud

_____

4. hacer una visita a la escuela

_____

5. pagar las cuentas a tiempo

_____

6. mantener copias de las boletas de calificaciones

_____

7. pedir una cita con la maestra

_____

8. comprar uniformes

_____

B. Isabel es muy rápida.   Your colleague, Isabel, is always one step ahead of you at work. When you tell Isabel something that you are going to do, she tells you that she has just finished doing it.

Modelo: Ud.: Pienso hacer una llamada.
                Isabel: *Acabo de hacer una llamada.*

1. Ud.: Voy a preparar un examen.

Isabel: _____

2. Ud.: Necesito corregir las composiciones.

Isabel: _____

3. Ud.: Debo crear una página Web.

Isabel: _____

4. Ud.: Quiero concertar una cita con los padres.

Isabel: _____

5. Ud.: Pienso limpiar la pizarra.

Isabel: _____

6. Ud.: Voy a cambiar mi contraseña.

Isabel: _____

C. El significado.   Give the Spanish definition for the following terms.

Modelo: correo electrónico
                el mensaje que se manda y se recibe por Internet en la computadora

1. usuario: _____

2. contraseña: _____

3. matrícula: _____

4. sala de charla: _____

5. pantalla: _____

6. banderas de publicidad: _____

7. impresora: _____

8. altavoces: _____

D. Los gustos.   The following is a list of people and their circumstances. State whether they like or do not like what they do.

Modelo: Uds./salir tarde del trabajo
                A Uds. no les gusta salir tarde del trabajo.

1. a nosotros/navegar por la Red

2. a mí/las banderas de publicidad

_____

3. a los maestros/los estudiantes perezosos

_____

4. a ti/la computadora con mucha memoria

_____

5. a Uds./enseñar una clase a distancia

_____

6. al Sr. Alonzo/las tareas bien hechas

_____

7. a nosotros/los fines de semana

_____

8. a los directores/ la información incompleta

_____

E. Los artículos escolares.   A large shipment of school supplies has finally arrived. State what each of the following nine boxes **(cajas)** contains, according to the model.

Modelo: caja 1/3.452 bolígrafos
En la primera caja, hay tres mil cuatrocientos cincuenta y dos bolígrafos.

1. caja 2/695 cuadernos

_____

2. caja 3/47 borradores

_____

3. caja 4/15 computadoras

_____

4. caja 5/167 libros de texto

_____

5. caja 6/5.823 sujetapapeles

_____

6. caja 7/297 carpetas

_____

7. caja 8/20 grapadoras

_____

8. caja 9/10.000 crayones

_____

Lección 8: La escuela secundaria

A. Mi hermanito es diferente.   Getting ready for school can be hectic in some households. You and your sister do things the same way every day, but your little brother is different. Describe your daily routine and your little brother's daily routine.

Modelo: mi hermana y yo/despertarse a las siete
Pero mi hermanito...
Mi hermana y yo nos despertamos a las siete.
Pero mi hermanito se despierta a las ocho.

1. mi hermana y yo/levantarse a las ocho

_____

Pero mi hermanito _____

2. mi hermana y yo/ducharse con agua caliente

_____

Pero mi hermanito _____

3. mi hermana y yo/peinarse en el baño

_____

Pero mi hermanito _____

4. mi hermana y yo/vestirse con ropa informal

_____

Pero mi hermanito _____

5. mi hermana y yo/irse a las diez

_____

Pero mi hermanito _____

6. mi hermana y yo/divertirse en las clases

_____

Pero mi hermanito _____

7. mi hermana y yo/quitarse los zapatos antes de dormir

_____

Pero mi hermanito _____

8. mi hermana y yo/acostarse temprano

_____

Pero mi hermanito _____

B. ¿Qué hacen? Using the following verbs and people, write sentences describing reciprocal actions.

Modelo: mi asistente y yo/verse con frecuencia

Mi asistente y yo nos vemos con frecuencia.

1. los maestros y los estudiantes/saludarse en la clase

_____

2. Uds./ayudarse con la tarea

_____

3. los padres y yo/hablarse con frecuencia

_____

4. los entrenadores/respetarse

_____

5. mi amigo de México y yo/escribirse por correo electrónico

_____

6. los jugadores/mirarse en el estadio

_____

C. Los deportes. There are many aspects to a successful sports program. Give the definition for the following terms that make up the people, things, or ideas related to sports.

1. animadores: _____

2. trofeo: _____

3. partido: _____

4. gimnasio: _____

5. entrenador: _____

6. vestuario: _____

7. uniforme: _____

8. campeonato: _____

D. ¿Saber o conocer? Fill in the blanks with the correctly conjugated form of the verbs, using either **saber** or **conocer.**

Yo (1) _____ al dueño de un restaurante elegante muy popular en Asunción. El dueño

(2) _____ mucho de negocios y también (3) _____ a un chef ejecutivo muy bueno. El chef

(4) _____ preparar unas recetas muy buenas para muchos gustos gastronómicos. Yo

(5) _____ que el chef es bueno y que me va a gustar la comida del restaurante. Los cocineros no

(6) _____ cocinar bien y necesitan clases de capacitación antes de empezar. El chef

(7) _____ a un entrenador muy bueno que les va a dar clases. Entonces, los cocineros van a

(8) _____ cocinar bien.

E. En un restaurante mexicano.   Explain how the workers in a Mexican restaurant would respond by providing the direct object pronoun, according to the model.

Modelo: ¿Cervezas importadas? Sí, _____ tenemos.
¿Cervezas importadas? Sí, __las__ tenemos.

1. ¿Las enchiladas de carne? Sí, _____ preparamos.

2. ¿Una variedad? Sí, _____ ofrecemos.

3. ¿Los muebles? Sí, _____ importamos de México.

4. ¿El jefe? Sí, _____ respetamos.

5. ¿Los condimentos? Sí, _____ añadimos a la comida.

6. ¿El mole? Sí, _____ servimos aquí.

7. ¿La cuenta? Sí, Ud. _____ puede pagar en la caja.

8. ¿La propina? Sí, Uds. _____ dejan en la mesa.

Lección 9: Consejos útiles

A. El subjuntivo.   Fill in the blanks with the correctly conjugated form of the verb in parentheses, using the present subjunctive.

1. Los directores quieren que los chóferes del autobús _____ (conducir) con cuidado.

2. Yo prefiero que Uds. _____ (poner) los papeles en las carpetas.

3. Los maestros insisten en que la junta directiva les _____ (dar) un aumento de salario.

4. Nos alegramos de que ellos _____ (ir) a construir otra biblioteca.

5. Los padres temen que el director del programa especial no _____ (aceptar) a sus hijos.

6. La secretaria insiste en que los maestros _____ (revisar) las boletas de calificaciones.

7. Temo que el tutor no _____ (saber) explicarlo bien.

8. Los maestros quieren que los estudiantes _____ (llegar) a tiempo.

B. La consejera.   In Chapter 9, you gave advice to an advisee as a counselor. Now, write five sentences stating what your principal wants you to do as a counselor. Remember to use a verb of volition and the subjunctive.

Modelo: *La directora quiere que yo mantenga contacto con las universidades.*

_____

_____

_____

_____

_____

_____

C. Preparaciones para la universidad.   Under each of the following headings, write three things that are related.

Modelo: **Finanzas**   **Profesiones**   **Educación para adultos**
              becas   _abogado_   _guardería_

Finanzas   **Profesiones**   **Educación para adultos**

_____   _____   _____

_____   _____   _____

_____   _____   _____

D. La importancia de la educación.   Give advice to a friend who is returning to school at night. Write six sentences, using an impersonal expression in the main clause and the subjunctive in the subordinate clause.

Modelo: _Es preferible que lleves a los niños a la guardería._

_____

_____

_____

_____

_____

_____

E. ¿Es bueno o malo?   Read the following comments about returning to school after years of sitting out. Then, react to the comments, using the phrases **me gusta que** or **me molesta que,** depending on the situation.

1. Ponen mucho énfasis en la tarea.

_____

2. Los estudiantes pagan mucho por la matrícula.

_____

3. Ofrecen mucha ayuda en el Centro de tutores.

_____

4. Termino mis requisitos pronto.

_____

5. Mi clase de historia tiene muchos estudiantes.

_____

6. Hay muchos exámenes.

_____

7. Saco buenas notas en la clase de inglés.

_____

8. Unos estudiantes no hacen nada en clase.

_____

Lección 10: La universidad

A. ¿Qué hizo el año pasado?   You are a professor who has had a very busy year. List some of your accomplishments.

Modelo: asistir a muchas reuniones
Asistí a muchas reuniones.

1. hablar con todos los estudiantes

_____

2. corregir muchos exámenes

_____

3. escuchar los debates como patrocinador del club

_____

4. empezar un comité nuevo

_____

5. investigar una queja por un estudiante

_____

6. almorzar en la cafetería con los estudiantes

_____

7. leer muchas composiciones

_____

8. organizar actividades sociales

_____

B. La universidad.   Yesterday was a busy day on campus. State what the following people did yesterday.

Modelo: yo/hacer investigaciones
Yo hice investigaciones ayer.

1. el oficial de admisiones/no poder terminar las solicitudes

_____

2. los jefes de departamento/tener una reunión con el decano

_____

3. los estudiantes/ver la práctica del partido de fútbol

_____

4. los estudiantes de la escuela secundaria/venir a la universidad

_____

5. los solicitantes/querer visitar las residencias estudiantiles

_____

6. yo/ir a una entrevista

_____

7. Uds./traer sus papeles

_____

8. tú/poner todo en la residencia estudiantil

_____

C. En la universidad.   Give the Spanish words that fit the following definitions.

1. Una composición que escribe un estudiante que quiere entrar en la universidad es un _____ personal.

2. Una cantidad de dinero que se premia al estudiante para sus estudios es una _____.

3. Cuando el postulante tiene una cita para hablar con unas personas de la universidad y esas personas le hacen preguntas, es una _____.

4. La residencia estudiantil y apartamentos son ejemplos del _____ en la universidad.

5. En la universidad, los estudiantes se mueven de un lugar a otro por auto, bicicleta, o autobús. Son ejemplos del _____.

6. El dinero que se paga para estudiar en la universidad es la _____.

7. Las personas que ayudan a los estudiantes cuando necesitan apoyo académico son los _____.

8. Cuando una persona habla en la ceremonia de graduación, es un _____.

D. El Centro para el éxito académico.   The tutors at the center are a dedicated group. State what they did or did not do last week by writing six sentences with the verbs provided in the word bank.

Modelo: sentirse
Los tutores se sintieron bien cuando ayudaron a los estudiantes.

pedir	servir	repetir
elegir	dormir	preferir

_____

_____

_____

_____

_____

_____

E. El comité de graduación. You are part of the university graduation committee that is made up of administrators, faculty, and staff. Fill in the blanks with the preterite tense of the verbs in parentheses to determine what you and the committee did to prepare for the graduation ceremony.

El comité (1) _____ (empezar) los planes de graduación temprano. Un miembro (2) _____ (hacer) la lista de nombres y la (3) _____ (poner) en una carpeta. Otros (4) _____ (organizar) el desfile de profesores. El día de la ceremonia, yo (5) _____ (vestirse) de bonete y toga y (6) _____ (ir) al auditorio. Mis colegas me (7) _____ (seguir) a la entrada para empezar el desfile. Todos nosotros (8) _____ (venir) para apoyar el éxito de nuestros estudiantes.

Lección 11: Entonces y ahora

A. Los hábitos. In your previous job, you frequently worked with computers and technology. Write at least five sentences stating the things you used to do at work. Use the imperfect tense.

Modelo: *Yo siempre buscaba información usando Yahoo.*

_____

_____

_____

_____

_____

_____

_____

_____

B. ¡No me sentía bien! Use the imperfect tense to explain how you were feeling when the following things happened.

Modelo: La maestra entró en la clase.
            Yo tenía sueño cuando la maestra entró en la clase.

1. María sacó una "A" en el examen.

_____

2. Nosotros fuimos a la cafetería.

_____

3. Hicimos ejercicios en el gimnasio.

_____

4. Hiciste investigaciones por Internet.

_____

5. Estuviste en el patio de recreo.

_____

6. Los estudiantes no estudiaron.

_____

C. Antes y ahora.   Read the following list of items and tell what they were associated with in the past and what they are associated with now.

Modelo: **Antes**   **Ahora**
          pantalla   _la televisión_   _la computadora_

	Antes	**Ahora**
1. el ratón	_____	_____
2. el teclado	_____	_____
3. la memoria	_____	_____
4. la red	_____	_____
5. archivar	_____	_____
6. el menú	_____	_____
7. el disco	_____	_____
8. el Palm	_____	_____

D. Ayer en la escuela.   Fill in the blanks with the correctly conjugated form of the verb in parentheses, using either the preterite or the imperfect tense.

Ayer yo (1) _____ (llegar) a la escuela un poco tarde. No me (2) _____ (sentir) bien y

(3) _____ (tener) dolor de cabeza. Mi colega me (4) _____ (decir) que yo

(5) _____ (necesitar) volver a casa. Pero yo (6) _____ (decidir) quedarme en la escuela.

(7) _____ (Ser) un día bastante ocupado. Cuando yo (8) _____ (entrar) en la oficina del

director, la secretaria (9) _____ (escribir) el informe, su ayudante les (10) _____ (dar)

información a unos estudiantes y la recepcionista (11) _____ (contestar) las llamadas. Yo

(12) _____ (empezar) a arreglar el trabajo para el día. Pero, de repente (13) _____

(escuchar) un ruido. (14) _____ (Salir) de la oficina para investigar. Cuando yo (15) _____

(entrar) en el salón de clase, ¡(16) _____ (ver) algo horrible! Un estudiante (17) _____

(estar) en el piso. Yo (18) _____ (correr) para ayudarlo. El estudiante me (19) _____ (decir)

que (20) _____ (estar) bien. ¡Él se (21) _____ (caer) de la silla!

E. ¡Tengo una página Web!   Now, in your own words in Spanish, write about what happened when you created your own Web page in Chapter 11. Discuss your feelings, what was going on, and the steps you took to accomplish your goal. If you haven't created a Web page, use your imagination. Remember to use both the imperfect and the preterite.

Modelo: *Yo estaba nerviosa porque antes no trabajaba mucho en Internet.*

_____

_____

_____

_____

_____

_____

_____

_____

_____

_____

Appendix

La anatomía

bronchial tubes	los bronquios
cells	los glóbulos
chicken pox	la varicela
eyeglasses	los anteojos
glands	las glándulas
hearing	el oído
joint	la articulación
lungs	los pulmones
measles	el sarampión
microbe	el microbio
mumps	las paperas
to purify	purificar
senses	los sentidos
sight	la vista
smell	el olfato
taste	el gusto
tetanus	el tétano
touch	el tacto
trachea	la tráquea

Las ciencias biológicas

ant	la hormiga
butterfly	la mariposa
camel	el camello
crab	el cangrejo
duck	el pato
frog	la rana
gills	las branquias
giraffe	la jirafa
goat	la cabra
insect	el insecto
invertebrate	el invertebrado
lion	el león
lizard	la lagartija
lobster	la langosta
mammal	el mamífero
reptile	el reptil
rooster	el gallo
sheep	la oveja
snail	el caracol
tiger	el tigre
tortoise	la tortuga
turkey	el pavo
vertebrate	el vertebrado
zebra	la cebra

La ciencias físicas

astronomy	la astronomía
atmosphere	la atmósfera
cape	el cabo
climate	el clima
clouds	las nubes
compass	el compás
constellation	la constelación
desert	el desierto
earth	la tierra
earthquake	el terremoto
ecology	la ecología
glacier	el glaciar
gulf	el golfo
hemisphere	el hemisferio
island	la isla
lake	el lago
light-year	el año luz
limit	el límite
meridian	el meridiano
Milky Way	la Vía Láctea
molecule	la molécula
mountain range	la cordillera
mountains	las montañas
ocean	el océano
ozone	el ozono
parallel	el paralelo
peak	el pico
peninsula	la península
pole	el polo
properties	las propiedades
river	el río
satellite	el satélite
sea	el mar
sea level	el nivel del mar
star	la estrella
waves	las olas
temperature	la temperatura
valley	el valle
volcano	el volcán

La historia

to abolish	abolir
allies	los aliados
battle	la batalla
to bomb	bombardear

century	el siglo	colon	dos puntos
to colonize	colonizar	comma	la coma
communism	el comunismo	conjunction	la conjunción
to conquer	vencer	contents	el contenido
democracy	la democracia	essay	el ensayo
to discover	descubrir	lowercase	minúscula
to free (oneself)	librarse de	meaning	el significado
government	el gobierno	novel	la novela
governor	el gobernador	object	el complemento
Indians	los indios	oral reading	la lectura oral
monarchy	la monarquía	paragraph	el párrafo
pilgrim	el peregrino	parenthesis	el paréntesis
pioneers	los pioneros	period	el punto
Puritan	el puritano	poem	el poema
republic	la república	predicate	el predicado
slavery	la esclavitud	preposition	la preposición
slaves	los esclavos	quotes	las comillas
territory	el territorio	rhyme	la rima
		semicolon	punto y coma
		sounds	los sonidos
		stanza	la estrofa

Las matemáticas

		story	el cuento
addition	las sumas	story time	la hora de lectura
to calculate	calcular	synonym	el sinónimo
calculation	las cuentas	uppercase	mayúscula
circle	el círculo		
circumference	la circunferencia		

La botánica y la comida

cone	el cono		
decimal	el decimal	botanical garden	el jardín botánico
diameter	el diámetro	branch	la rama
division	las divisiones	cabbage	el repollo
equation	la ecuación	camellia	la camelia
fractions	las fracciones	carnation	el clavel
integral	la integral	celery	el apio
liter	el litro	cherry	la cereza
measure	la medida	daisy	la margarita
metric system	el sistema métrico	to drizzle	lloviznar
multiplication	las multiplicaciones	grape	la uva
multiplication table	la tabla de multiplicar	herbs	las hierbas
pint	la pinta	kingdom	el reino
pound	la libra	leaf	la hoja
rectangle	el rectángulo	mushroom	el hongo
square	el cuadrado	nut	la nuez
subtraction	las restas	onion	la cebolla
symmetry	la simetría	orange tree	el naranjo
ton	la tonelada	orchid	la orquídea
triangle	el triángulo	pear	la pera
		petal	el pétalo
		root	la raíz

El idioma

		stem	el tallo
abbreviation	la abreviatura	stump	el tocón
adverb	el adverbio	trunk	el tronco
antonym	el antónimo		

Los mandatos en la clase

Answer.	Contesten.
Be quiet.	Mantengan silencio.
Don't push.	No empujen.
Don't run.	No corran.
Go to the board.	Vayan a la pizarra.
Listen.	Escuchen.
Open/Close your books.	Abran/Cierren los libros.
Out loud.	En voz alta.
Pay attention.	Presten atención.
Raise your hands.	Levanten la mano.
Read the lesson.	Lean la lección.
Sit down.	Siéntense.
Study.	Estudien.
Turn in the homework.	Entreguen la tarea.
Write.	Escriban.

El arte y el trabajo manual

brush	el pincel
cardboard	el cartón
to carve	tallar
charcoal	el carboncillo
construction paper	la cartulina
to draw	dibujar
drawing	el dibujo
easel	el caballete
felt	el fieltro
glue	el pegamento
ink	la tinta china
oil pastel	el pastel de óleo
painting	la pintura
palette	la paleta
to trace	calcar
turpentine	el aguarrás
watercolor	la acuarela

Pesos y medidas

Length (Longitud)

centimeter	el centímetro
foot	el pie
inch	la pulgada
kilometer	el kilómetro
meter	el metro
mile	la milla
millimeter	el milímetro
yard	la yarda

U.S. Measurements Converted to Metric

1 pulgada = 2,54 centímetros
1 pie = 30,48 centímetros
1 yarda = 0,9144 metro
1 milla = 1,609 kilómetros

Metric Converted to U.S. Measurements

1 milímetro = 0,039 pulgadas
1 centímetro = 0,39 pulgadas
1 metro = 39,37 pulgadas
1 kilómetro = 0,62 millas

Weight (peso)

gram	el gramo
kilogram	el kilogramo
metric ton	la tonelada métrica
ounce	la onza
pound	la libra
ton	la tonelada

U.S. Measurements Converted to Metric

1 onza = 31,103 gramos
1 libra = 0,373 kilogramo
1 tonelada = 0,907 tonelada métrica

Metric Converted to U.S. Measurements

1 gramo = 0,035 onzas
100 gramos = 3,527 onzas
1 kilogramo = 2,2046 libras

Liquid Measure (medidas líquidas)

gallon	el galón
liter	el litro
milliliter	el mililitro
pint	la pinta
quart	el cuarto

U.S. Measurements Converted to Metric

1 pinta = 0,473 litro
1 cuarto = 0,946 litro
1 galón = 3,785 litros

Metric Converted to U.S. Measurements

1 litro = 1,057 cuartos de galón
1 mililitro = 0,0338 onza

Surface (superficies)

acre	el acre
hectare	la hectárea
square meter	el metro cuadrado
square yard	la yarda cuadrada

U.S. Measurements Converted to Metric

1 acre = 0,405 hectáreas
1 yarda cuadrada = 0,836 centímetro cuadrado

Metric Converted to U.S. Measurements

1 hectárea = 2.47 acres
1 metro cuadrado = 1.196 yardas cuadradas

DEPARTAMENTO DE SERVICIOS ESPECIALES

AVISO Y PERMISO PARA LA COLOCACIÓN EN INGLÉS COMO SEGUNDO IDIOMA

Nombre del estudiante: _____ Fecha del aviso: _____

Escuela más cerca al domicilio: _____ Maestro de ESL: _____

Las escuelas del condado de _____ pondrán a su hijo(a) en el siguiente programa del Inglés como Segundo Idioma basado en servicios que reflejan un ambiente menos restrictivo y que satisfará las necesidades del estudiante.

Clase regular: Instrucción por todo el día, con modificaciones instructivas mediante apoyo consultativo por el personal de ESL

Programa ESL: Instrucción en la clase regular todo el día o parte del día escolar con instrucción individual por el personal de ESL en la clase regular, en la sala de clase de ESL

Otro arreglo: _____

Programa recomendado	Descripción	Porcentaje en el programa	Grado	Nivel de destreza	Personal
Educación regular					
Programa ESL					
Servicios relacionados					

La sugerencia se basa en el examen o en la falta de éxito en la clase regular después de modificaciones:
_____
_____

Para determinar la colocación más apropiada para su hijo(a), el Distrito escolar ha considerado las siguientes opciones antes de llegar a una conclusión y las ha rechazado debido a que: _____
_____

Detalles sobre otros factores que sean pertinentes a la proposición o al rechazo escolar son: _____
_____

Las escuelas del Distrito intentarán colocar a los estudiantes en la escuela más cerca de su vecindario siempre y cuando sea posible. Sin embargo, debido a la concentración de estudiantes de ESL en algunas escuelas y también la disponibilidad de espacio en tales escuelas, a veces es necesario que los estudiantes nuevos que califiquen para ESL asistan a otras escuelas en el Distrito para poder servirles en el programa de ESL. Su hijo(a) asistirá a la escuela: _____
_____

Sí   No   Entiendo el contenido de este aviso.

Sí   No   Doy permiso para la propuesta colocación.

_____

Firma del padre/de la madre

_____

Fecha

_____

Director de servicios especiales

_____

Fecha

FORMULARIO DE EXENCIÓN DE RESPONSABILIDADES
PARA EXCURSIONES ESCOLARES
(Por favor, en letra de molde)

Nombre del alumno(a): _____ _____ _____ M ____ F ____
Apellido   Primer nombre   Inicial

Nombre de los padres: _____

Teléfono (trabajo): _____ (celular): _____ (casa): _____

Consentimiento y exención

Por la presente, autorizo al alumno mencionado con anterioridad a participar en las excursiones patrocinadas por la escuela. Entiendo que el Distrito escolar _____ podrá o no proveer transporte. Si el Distrito no puede proveer transporte, éste estará a cargo de los padres y de los alumnos. En caso de que el alumno necesita tratamiento médico de emergencia durante el viaje, autorizo al supervisor del viaje a que, a su discreción, actúe, autorice o tome las medidas necesarias para que se apliquen los tratamientos médicos. Más aún, libero y eximo al Distrito, sus miembros, agentes, empleados y sus representantes, así como el supervisor del viaje, de cualquier demanda y a la vez me comprometo a indemnizar y librar de todo tipo de responsabilidades a las partes antes mencionadas, ante cualquier demanda que yo, cualquier persona, firma, corporación o entidad, pueda tener, con conocimiento o sin conocimiento, en forma directa o indirecta, como consecuencia de cualquier pérdida, daño o lesión que surja de la actividad, durante la misma o relacionada a la participación del alumno en la actividad, cualquier viaje asociado a la actividad o a la aplicación de procedimientos o tratamientos médicos, si los hubiera.

_____   _____
Firma de los padres   Fecha

ACUERDO DEL PADRE/ESTUDIANTE

DISTRITO ESCOLAR _____

SISTEMA DE COMUNICACIONES CONECTADO A LA RED/CONSENTIMIENTO DE VÍDEO

AÑO ESCOLAR _____

ESTUDIANTE

Nombre: _____ Grado: _____ Escuela: _____

Yo entiendo que el uso de la computadora no es privado y que el Distrito supervisará mi actividad en el sistema de comunicación conectada a una Red de computadoras.

Yo he leído la norma aceptable del uso y las regulaciones administrativas y estoy de acuerdo en cumplir con las condiciones. Entiendo que la violación de estas condiciones puede tener como resultado la suspensión o revocación del acceso al sistema.

Firma del estudiante: _____ Fecha: _____

PADRE O TUTOR

Yo he leído la norma del sistema de comunicación electrónica del Distrito y las regulaciones administrativas.

_____ Yo doy permiso para que mi hijo(a) participe en el sistema de comunicaciones electrónicas del Distrito (incluso el acceso a Internet) y certifico que la información contenida en este formulario es correcta.

_____ Durante el año escolar, los estudiantes del Distrito están a menudo envueltos en actividades que comprenden sacar fotografías y vídeos para los proyectos de los medios de comunicación, el diseño de la Red en Internet, grabación de vídeos, fotografías del anuario y entrevistas. Yo por medio de la presente, doy el consentimiento para que mi hijo(a) pueda ser fotografiado, grabado o entrevistado para el posible uso en los periódicos, en la televisión, en las transmisiones de la radio, en los sitios de la Red escolar y en las publicaciones de la escuela.

Firma del padre o tutor: _____ Fecha: _____

Dirección: _____ Número de teléfono de casa: _____

PADRE O TUTOR

_____ Yo no doy permiso para que mi hijo(a) participe en el sistema de comunicaciones eletrónico del Distrito.

_____ Yo no quiero que mi hijo(a) sea identificado en las fotografías, cintas de vídeo o entrevistas para el posible uso en los periódicos, en la televisión, en las transmisiones de la radio, en los sitios de la Red escolar y en las publicaciones de la escuela.

Firma del padre o tutor: _____ Fecha: _____

Dirección: _____ Número de teléfono de casa: _____

DISTRITO DE _____

AVISO DE LA ACCIÓN PRELIMINARIA TOMADA POR UN MAESTRO
Y/O EL AVISO INICIAL DE ACCIÓN DISCIPLINARIA

Estudiante: _____ M ____ F ____ Número de estudiante: _____

Escuela: _____ Fecha de nacimiento: _____

Dirección: _____ Teléfono: _____

Fecha: _____ Grado: _____ Período: _____ Maestro _____

Origen étnico	Problema específico	Lugar del problema
___ Indio americano	___ Por estar ausente de la escuela	___ Aula de clase
___ Asiático	___ Interrupción de la clase	___ Cafetería
___ Negro	___ Falta de cooperación	___ Pasillo
___ Caucásico	___ Alcohol/drogas	___ Terreno de escuela
___ Hispano	___ Fumar	___ Otro _____
	___ Destrucción de la propiedad escolar	
	___ Pelea	
	___ Otro _____	

Resumen del problema: _____

_____

_____

_____

Acción administrativa: _____

_____

_____

_____

Acción tomada por el maestro	Disciplina	Suspensión o expulsión
___ Conferencia con el estudiante	___ Conferencia	___ Suspensión dentro de la escuela
___ Estudiante detenido después de clases	___ Detención	___ Suspensión a corto plazo
___ Se consultó al consejero	___ Programa de estudio/trabajo	___ Suspensión a largo plazo
___ Llamada a los padres	___ Período de prueba	___ Expulsión
___ Visita al domicilio	___ Exclusión	
___ Exclusión	___ Salida de emergencia de clase	
___ Se sacó de emergencia de clase		
___ Otro _____		

Firma del estudiante: _____ Firma del padre: _____

Firma del testigo: _____ Firma del administrador: _____

DISTRITO ESCOLAR _____

EDUCACIÓN PARA ESTUDIANTES TALENTOSOS Y DOTADOS
DE INTELIGENCIA EXCEPCIONAL

El proceso de identificación para que un estudiante participe en este programa requiere la recopilación de datos, tales como las notas de los exámenes, el grado, información de parte del maestro, del estudiante y la recomendación de los padres de familia. La información que proveen los padres de familia es de gran ayuda al evaluar las habilidades de un estudiante. Le pedimos que complete este formulario y que lo devuelva lo más pronto posible.

Nombre de la escuela: _____

Nombre del estudiante: _____ Sexo: ____M ____F Grado: _____

Dirección: Calle _____ Ciudad _____ Estado _____ Zona postal _____

Número de teléfono: _____ Fecha de nacimiento: _____ Origen étnico: _____

Nombre y edades de los hermanos:

Idioma(s) que hablan en el hogar:

¿Cuáles son las cosas que le interesan y los pasatiempos de su hijo(a)? De acuerdo con lo que Ud. observa, ¿qué actividades desempeña bien su hijo(a)? ¿Ha recibido honores/premios? Por favor, describa:

¿Qué es lo que su hijo(a) prefiere hacer cuando está solo(a)?

___ Yo recomiendo que a mi hijo(a) se le identifique para el programa.
___ Yo no recomiendo que a mi hijo(a) se le identifique para el programa.

_____

Firma del padre de familia

_____

Fecha

DE INTELIGENCIA EXCEPCIONAL

FORMULARIO DE INTERESES PREPARADO POR LOS PADRES DE FAMILIA

Nombre del estudiante: _____ Grado: _____

Escuela: _____ Fecha: _____

1. Las cosas que más disfruto de mi hijo(a) en las que él/ella sobresale, son: _____
_____
_____

2. Las actividades que más disfruta mi hijo(a) son: _____
_____
_____

3. Las cosas que me preocupan de mi hijo(a) son: Anote cualquier problema especial o
necesidades:

a. En la escuela _____
_____

b. En el hogar _____
_____

c. Otra _____
_____

4. Las aspiraciones que tengo para mi hijo(a) son: _____
_____

5. Anote los pasatiempos e intereses del estudiante: _____
_____

6. Anote cualquier logro académico significativo, arte visual y/o escénico, creativo o de
liderazgo, como premios o reconocimientos honoríficos que haya recibido. También
mencione actividades específicas en las que el estudiante haya participado.
_____
_____

7. En su opinión, ¿cuál es la indicación más obvia que demuestra que su hijo(a) tiene
habilidades excepcionales? _____
_____

8. ¿Por qué piensa que su hijo(a) es talentoso/a y dotado/a? _____
_____

Firma del padre: _____ Fecha: _____

FORMULARIO DE INFORMACIÓN Y DE EMERGENCIA

Apellido: _____ Nombre: _____ 2° nombre: _____ M _____ F _____

Fecha de nacimiento: _____ Grado: _____ Maestro: _____

El alumno vive con: ambos padres   tutor   madre   padre

Dirección: _____ Teléfono: _____

Nombre del padre/tutor: _____ Nombre de la madre/tutor: _____

Dirección: _____ Dirección: _____

Empleo/Ciudad: _____ Empleo/Ciudad: _____

Teléfono de trabajo: _____ Celular: _____ Teléfono de trabajo: _____ Celular: _____

En caso de enfermedad, emergencia médica o desastre y, si no se puede localizar a los padres o tutores, un funcionario de la escuela podrá llamar a los siguientes amigos o parientes adultos (de 18 años o más) los cuales están autorizados a tomar responsabilidad por el cuidado del alumno.

Nombre de la persona encargada del cuidado del niño: _____

Dirección: _____ Teléfono: _____

Nombre: _____ Dirección: _____ Parentesco: _____ Teléfono: _____

Nombre: _____ Dirección: _____ Parentesco: _____ Teléfono: _____

Nombre: _____ Dirección: _____ Parentesco: _____ Teléfono: _____

Hermanos y hermanas del alumno:

Nombre	Fecha de nacimiento	Escuela
_____	_____	_____
_____	_____	_____
_____	_____	_____
_____	_____	_____

Historia médica: Marque (x) cuando corresponda.

Alergia _____ Asma _____ Alergia a la picadura de abejas _____ Diabetes _____

Problemas del corazón _____ Hemofilia _____ Parálisis cerebral _____ Epilepsia/ataques _____

Otros problemas de salud: _____

Describa: _____

Problema auditivo _____ Audífonos _____ Problema de la vista _____ Lentes (de contacto) _____

Toma medicina ___ Sí ___ No Nombre de la medicina: _____ Horario: _____

¿Sufrió su hijo(a) lastimaduras serias, enfermedades u operaciones que requirieron hospitalización el año pasado? Describa: _____

¿Se debe restringir su educación física? Describa: _____

Médico del alumno: _____ Teléfono: _____

¿Tiene seguro médico el alumno? ___ Sí ___ No   Proveedor: _____

• En caso de enfermedad o lastimadura, doy mi autorización para que el personal de la escuela obtenga el tratamiento de emergencia y transporte.

• Comprendo que la escuela no asume resonsabilidad financiera para cuidados médicos o transporte en ambulancia en caso de emergencia. Existe una póliza estudiantil de accidentes para todos los alumnos, por una tarifa mínima.

• Mi firma indica que la información anterior es completa y correcta.

Firma del padre o tutor: _____ Fecha: _____

Activities

La música

¡A encontrar las palabras!

tambor	metrónomo	violín	órgano
clarinete	nota	trompeta	claves
teclado	saxofón	atril	
trombón	guitarra	piano	

```
I A N I A A S O L O R E M M A E A O O E T L S
P A U A L O T A M X O O T C R T R N L A A A R
E U N N A O R R T B B E A R U A E A P N A O C
A E X O I O C T I L M B T T O T T G T A T X R
A R C E T L X B I L A L U O E N R R S A R A U
O O M T R A O R O M T O S N T O A O V T O F A
I P I A N O O I R P O M I O R F V R X E M M R
R M R O L A M R V N T R T N E O P O N E P T L
T A C S O E U R L A A R S A O X T A A R E G L
G R T N I O E S D L O A A M B A T O O I T N A
F T T R R S A E C R A N R B B S T I N A A O O
C T C T N L D V M E T R O N O M O A B L E N G
O O N T E C L A D O A O O T O M E C A I N S N
R N O E I R I L C O M A R S R O I O O L O N M
T R O M B O N C T L E G U I T A R R A L L A R
O A A O O N E P O O F U A O G T O L R T X X E
```

La casa de los muñecos

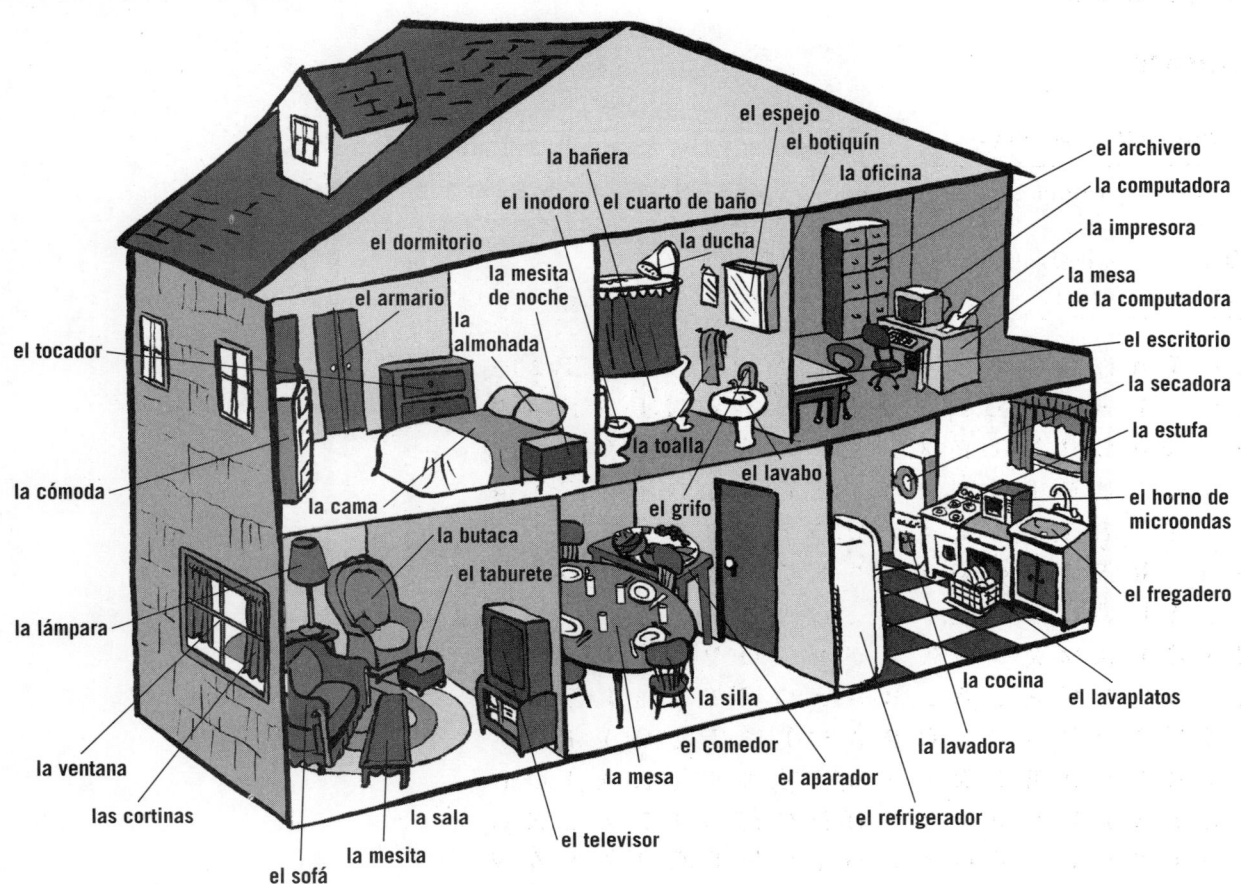

el espejo
el botiquín
la bañera
la oficina
el inodoro   el cuarto de baño
la ducha
el dormitorio
la mesita de noche
el armario
la almohada
el tocador
la toalla
el lavabo
la cómoda
la cama
el grifo
la butaca
el taburete
la lámpara
la silla
la ventana
el comedor
las cortinas
la mesa
la sala
el aparador
el refrigerador
la mesita
el televisor
el sofá

el archivero
la computadora
la impresora
la mesa de la computadora
el escritorio
la secadora
la estufa
el horno de microondas
el fregadero
la cocina
el lavaplatos
la lavadora

La casa de los muñecos

la sala
el sofá
la butaca
el taburete
la lámpara
el televisor
la mesita
el comedor
la mesa
la silla
el aparador
la ventana
las cortinas
la cocina
el refrigerador
la estufa
el fregadero
el lavaplatos
la lavadora
la secadora
el horno de microondas
el dormitorio

la cama
la mesita de noche
la cómoda
el tocador
la almohada
el armario
el cuarto de baño
el inodoro
la bañera
la ducha
el lavabo
el espejo
el grifo
la toalla
el botiquín
la oficina
el escritorio
el archivero
la mesa de la computadora
la computadora
la impresora

La ropa

la blusa   la falda   el vestido   los pantalones   la camisa

los calcetines   la camiseta

el abrigo   el impermeable   los zapatos   el cinturón   las pantimedias

La ropa

1

2

3

4

5

6

7

8

9

10

11

12

1 _____

2 _____

3 _____

4 _____

5 _____

6 _____

7 _____

8 _____

9 _____

10 _____

11 _____

12 _____

El zoológico

el león

el rinoceronte

la jirafa

el oso

el camello

el elefante

la foca

la culebra, la serpiente

el mono

el tigre

la cebra

El zoológico

El zoológico

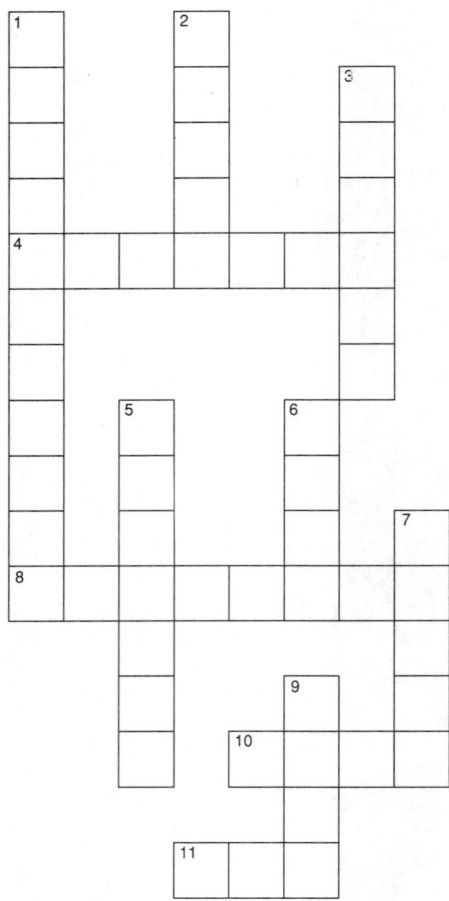

4.    1.

8.    2.

                    3.

10.    5.

                    6.

11.    7.

                    9.

El cuerpo humano

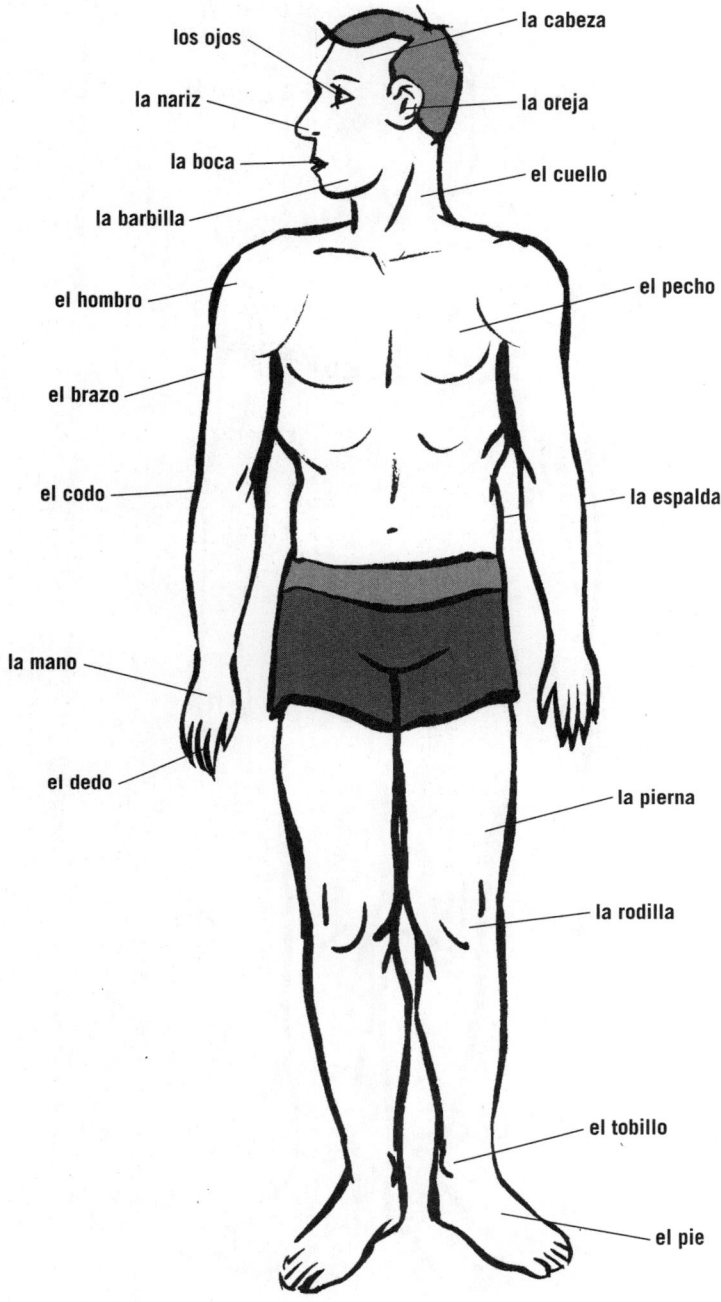

los ojos

la cabeza

la nariz

la oreja

la boca

el cuello

la barbilla

el hombro

el pecho

el brazo

el codo

la espalda

la mano

el dedo

la pierna

la rodilla

el tobillo

el pie

El cuerpo humano

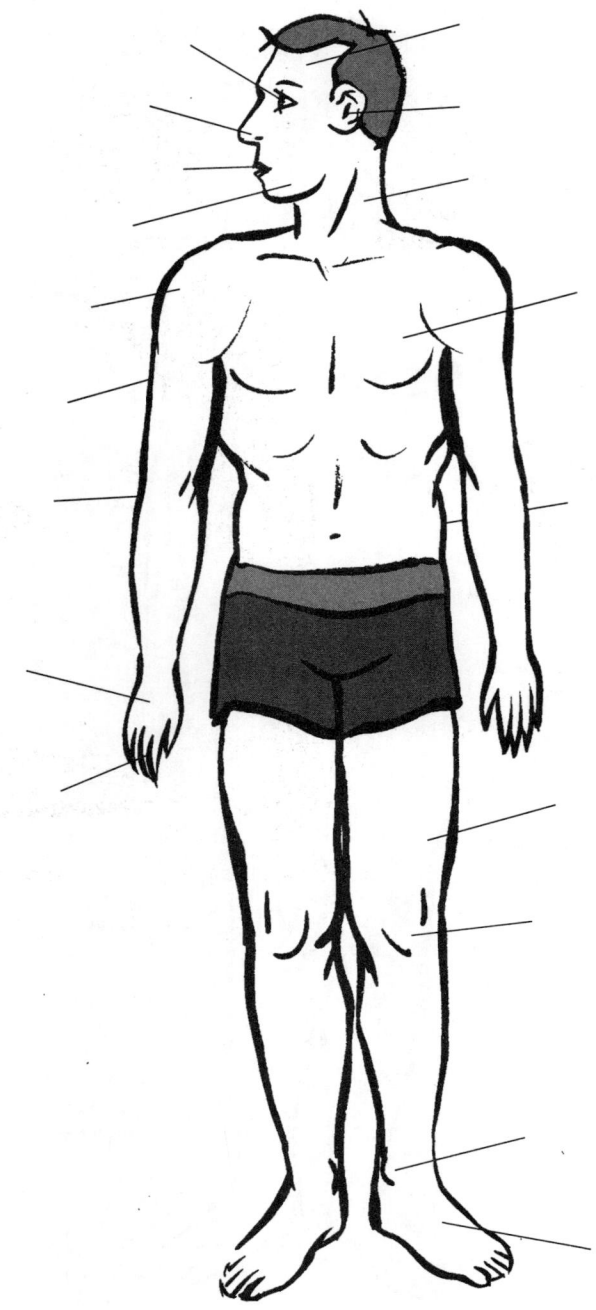

el cuello	el codo
la cabeza	la mano
los ojos	el dedo
la nariz	el pecho
la boca	la espalda
la barbilla	la pierna
la oreja	la rodilla
el hombro	el tobillo
el brazo	el pie

Los vegetales

el ajo   el tomate   la lechuga   la coliflor   el pepino

el maíz   la patata, la papa   el apio   el guisante, el chícharo

el repollo   la cebolla   la judía, el ejote   la zanahoria

Los vegetales

1

2

3

4

5

6

7

8

9

10

11

12

13

1 _____

2 _____

3 _____

4 _____

5 _____

6 _____

7 _____

8 _____

9 _____

10 _____

11 _____

12 _____

13 _____

Los idiomas

Horizontal

3. Se habla en China.

5. Se habla en Inglaterra.

7. Se habla en Alemania.

8. Se habla en España.

9. Se habla en Portugal.

Vertical

1. Se habla en Rusia.

2. Se habla en Grecia.

4. Se habla en Francia.

5. Se habla en Italia.

6. Se habla en Japón.

Los idiomas

Answer Key

Para comenzar

¡Por aquí, por favor!

A. 1. Buenos días, señor López.

    2. Buenas tardes, señorita Aguilar.

    3. Buenas tardes, Leonora.

    4. Buenas noches, señora Torres.

B. se llama

   llamo

   gusto

   Igualmente.

   estás

   bien

   Estoy

   luego

C. 1. a 2. b 3. c 4. b 5. b.

D. 1. f 2. c 3. h 4. i 5. a
   6. e 7. b 8. g 9. j 10. d

E. 1. Hay treinta días en septiembre.

    2. Hay siete días en una semana.

    3. Hay veinticuatro horas en un día.

    4. Hay treinta minutos en media hora.

    5. Hay... *(Answers will vary.)*

    6. Hay treinta y un días en diciembre.

    7. Hay... *(Answers will vary.)*

    8. Hay un profesor/una profesora en la clase.

F. 1. El señor Chamorro no trabaja los martes.

    2. No, no trabaja el jueves, dieciocho de julio.

    3. No, no trabaja el lunes, veintinueve de julio.

    1. primero *(or)* uno, ocho, quince, veintidós y veintinueve

    2. dos, nueve, dieciséis, veintitrés y treinta

    3. cinco, doce, diecinueve y veintiséis

G. *Answers will vary.*

H. 1. Hoy es el doce de febrero.

    2. Hoy es el treinta y uno de diciembre.

    3. Hoy es el primero de abril.

    4. Hoy es el cuatro de julio.

    5. Hoy es el once de noviembre.

    6. Hoy es el diez de septiembre.

    7. Hoy es el treinta de mayo.

I. 1. f 2. d 3. a 4. c 5. i
   6. e 7. h 8. g 9. b

J. 1. Perdón.

    2. Gracias.

    3. No hay de qué. *(or)* De nada.

    4. Por favor.

    5. Con permiso.

Lección 1: Vamos a la escuela

Módulo 1

A. **Ana J. Rozas Nieves** **Miguel A. Cruz Castro**
   Domicilio   Domicilio
   Código postal   Número de teléfono
   País de origen   Edad

   Amescua Robles
   Nombre
   Inicial
   Ciudad
   Número de teléfono
   País de origen

B. *Answers will vary.*

C. 1. Son las ocho y media de la mañana. *(or)* Son las ocho y treinta de la mañana.

    2. Son las diez y cuarto. *(or)* Son las diez y quince.

    3. Son las doce.

    4. Son las dos menos veinte de la tarde.

    5. Son las tres y veinte.

    6. Son las cinco de la tarde.

D. 1. Hay cita a las ocho y cuarto *(or* quince*)* de la mañana.

2. Hay cita a las nueve de la mañana.

3. Hay cita a las diez menos cuarto (*or* quince) de la mañana.

4. Hay cita a la una de la tarde.

5. Hay cita a las dos y veinte de la tarde.

6. Hay cita a las cuatro menos veinticinco de la tarde.

E. 1. c   2. d   3. e   4. a   5. f   6. b

F. 1. joven 2. habladora 3. inteligente 4. optimista
   5. cómico 6. alto 7. eficiente 8. vieja

G. 1. b   2. d   3. h   4. f
   5. e   6. a   7. c   8. g

H. 1. e
   2. d (*or*) f (*or*) g
   3. a
   4. c (*or*) g
   5. b
   6. c (*or*) g
   7. d (*or*) f (*or*) g
   8. d (*or*) f (*or*) g

I. 1. es   2. soy   3. es   4. es
   5. son 6. es   7. soy 8. somos

J. 1. La señora es alta.
   2. Las maestras son jóvenes.
   3. Yo soy antipático/a.
   4. Uds. son pesimistas.
   5. Ella es extrovertida.
   6. Los cursos son difíciles.
   7. Tú eres eficiente.
   8. La estudiante es bonita.

Módulo 2

A. 1. e   2. d   3. a   4. f
   5. g   6. h   7. c   8. b

B. 1. One box of number two pencils and two black ink pens
   2. One notebook for math and one for writing
   3. Children's scissors
   4. One small notebook

C. 1. ¿Quién es el director de la escuela?

2. ¿De dónde eres?

3. ¿Cuándo es la cita?

4. ¿Cuántos estudiantes hay en la clase?

5. ¿Cuál es tu profesión?

6. ¿Cómo es Teresa?

7. ¿Por qué necesitas dinero?

8. ¿Cuál es tu número de teléfono?

D. 1. la mochila   4. la pluma
   2. la bandera   5. el recreo
   3. el pegamento   6. el auditorio

E. 1. las   2. la   3. el   4. los
   5. la   6. la   7. el   8. las

F. 1. unos 2. un   3. unas 4. un
   5. una 6. unas 7. unos 8. unos

G. 1. La   2. la   3. unos 4. un
   5. unas 6. una 7. la   8. un
   9. los 10. unas 11. unas 12. el

A escribir *Answers will vary.*

Lección 2: ¡La vuelta al cole!

Módulo 1

A. 1. guardería   5. abuelos
   2. maestros   6. bandera
   3. tarea   7. pantalla
   4. tecnología   8. reunión

B. 1. h   2. c   3. e   4. b
   5. g   6. d   7. a   8. f

C. 1. responsable   5. amarillos
   2. altos   6. delgados
   3. jóvenes   7. azul
   4. interesante   8. verde

D. 1. bajo   5. vieja
   2. gorda   6. blanca
   3. fuerte   7. morenos
   4. buenas   8. pequeña

E. 1. e   2. f   3. d   4. h
   5. a   6. g   7. b   8. c

F. 1. Pinta con unos crayones.

2. Dibuja con un lápiz.

3. La Sra. White es la maestra de música.

4. Coro.

5. Porque Eleonora habla bien el español.

6. Porque Katy suma y resta muy bien.

G. 1. La maestra regresa a clase a las once.

2. Uds. toman la merienda a las diez y media.

3. Tú pintas con crayones.

4. Mis padres trabajan con los maestros.

5. Yo compro el papel.

6. Ud. prepara la tarea.

7. Los padres ayudan a los maestros.

8. Uds. buscan el formulario.

H. 1. llama   7. enseña

2. contestamos   8. pinto

3. habla   9. dibuja

4. escuchamos   10. trabajan

5. sumamos   11. necesitan

6. restamos   12. descansamos

Módulo 2

A. 1. c   2. a   3. b   4. g

5. h   6. e   7. f   8. d

B. 1. El club de juegos

2. El club de aventureros

3. El club de música

4. El club de jardín

5. El club de tarea

6. El club de misterios

7. El club de cocina

8. El club de drama

C. 1. La directora promete... *(The second part of these answers will vary.)*

2. La secretaria debe...

3. Los maestros deciden...

4. Los estudiantes corren...

5. Tú recibes...

6. Yo leo...

7. Mis amigos y yo comprendemos...

8. Uds. aprenden...

D. 1. comprendemos   6. hablan

2. deben   7. vende

3. corre   8. beben

4. recibe   9. escriben

5. leen   10. existen

E. 1. tener miedo

2. tener hambre

3. tener calor

4. tener sed

5. tener siete años

6. tener frío

7. estar aburrido

8. tener sueño

F. *Answers will vary.*

G. 1. tiene sed

2. tengo frío

3. tiene hambre

4. tienen prisa

5. tenemos sueño

6. tiene sed

7. tienes miedo

8. tiene cuatro años

H. 1. Yo estoy cansado.

2. Los estudiantes están nerviosos. *(or)* Los estudiantes están preocupados.

3. La maestra está ocupada.

4. Ud. está interesado.

5. Tú estás confundido.

6. ¡Nosotros estamos contentos!

A escribir *Answers will vary.*

Lección 3: La oficina de salud

Módulo 1

A. 1. piernas   5. brazo

2. boca   6. pies

3. dientes   7. nariz

4. ojos   8. manos

B. 1. centro
   2. atención
   3. ambiente
   4. sala
   5. juguetes
   6. emergencia
   7. accidente
   8. recreo

C. 1. Estoy haciendo preparaciones.
   2. El director está estudiando el currículo.
   3. La recepcionista está llamando a los padres.
   4. La enfermera está limpiando la herida.
   5. Los clientes están esperando en la sala de espera.
   6. El médico está examinando al niño.
   7. Estás escribiendo las direcciones.
   8. Los niños están jugando en el patio de recreo.

D. 1. Miguel está corriendo.
   2. Ud. está hablando con una madre.
   3. El director está buscando un archivo.
   4. Estás tomando un refresco.
   5. Los niños pequeños están durmiendo la siesta.
   6. Estamos estudiando matemáticas.
   7. Los estudiantes están comiendo la merienda.
   8. El niño está llorando.

E. 1. h 2. e 3. a 4. b
   5. f 6. g 7. d 8. c

F. 1. enfermera
   2. doctor
   3. padres
   4. hermano
   5. abuelos
   6. optómetra
   7. higienista
   8. veterinario

G. 1. La secretaria es capaz.
   2. Susana es alérgica a la penicilina.
   3. Yo soy rubio/a.
   4. Los estudiantes son inteligentes.
   5. El conserje es fuerte.
   6. Nosotros somos atléticos.
   7. Ellos son altos.
   8. Tú eres amistoso.

H. 1. El director está ocupado.
   2. La computadora está rota.
   3. Los estudiantes están nerviosos.
   4. Julianita está ausente.
   5. Mi tobillo está hinchado.
   6. Ud. está contagioso.
   7. Tú estás confundido.
   8. Los estudiantes están aburridos.

I. 1. es 2. es 3. están 4. está
   5. están 6. está 7. es 8. están

Módulo 2

A. 1. C
   2. F, Pedro está enfermo.
   3. F, Pedro tiene una fiebre baja.
   4. C
   5. F, Pedro debe descansar en casa.
   6. C

B. 1. C
   2. F, A veces, el paciente tiene una sensibilidad a la luz.
   3. C
   4. C
   5. F, La encefalitis es una condición seria.
   6. F, Los niños deben recibir la primera vacuna contra el sararmpión a los 15 meses.

C. 1. La enfermera va a la oficina de salud.
   2. Yo voy a la cafetería.
   3. Los estudiantes van al gimnasio.
   4. Ud. va a la sala de emergencia.
   5. Elena va al patio de recreo.
   6. El doctor va al consultorio.

D. 1. No, voy a descansar mañana.
   2. No, va a visitar la escuela mañana.
   3. No, vamos a hacer el trabajo mañana.
   4. No, vamos a recibir la información mañana.
   5. No, van a correr mañana.

E. a. Pregunta 2   b. Pregunta 3   c. Pregunta 1

F. 1. b 2. f 3. d 4. g 5. a 6. e 7. c

G. 1. Yo traduzco la lección al inglés./Julio traduce la lección al inglés.
   2. Yo pongo los crayones en el escritorio./Julio pone los crayones en el escritorio.
   3. Yo salgo del patio de recreo./Julio sale del patio de recreo.

4. Yo hago la tarea./Julio hace la tarea.

5. Yo conozco a la familia de la maestra./Julio conoce a la familia de la maestra.

6. Yo sé las respuestas./Julio sabe las respuestas.

H. 1. sabe   2. sabe   3. conozco
   4. Sabes   5. conocen   6. sé

A escribir *Answers will vary.*

Lección 4: El personal de la escuela

Módulo 1

A. 1. F   2. C   3. C   4. F   5. C   6. F

B. 1. conferencia   6. tarea
   2. lectura   7. trabaja
   3. nivel   8. examinación
   4. grado   9. cabeza
   5. atención   10. cita

C. 1. Mi hermana tiene tres bolígrafos.
   2. Sí, nuestros exámenes son difíciles.
   3. Su clínica está en calle Juárez.
   4. Tu borrador está en la pizarra.
   5. Sí, uso mi cuaderno para las matemáticas.
   6. Su cita con la directora es a las tres.

D. 1. El libro es del estudiante.
   2. El papel es de Juan.
   3. Los crayones son de la chica.
   4. Los lápices son del director.
   5. Las evaluaciones son de los maestros.
   6. Los documentos son de la enfermera.

E. Expresión: Significado:
   ceguera   hablar con las manos
   sordera   problema de aprendizaje
   evaluación   problema físico

F. 1. measurement, medir
   2. to learn, aprendizaje
   3. to advise or counsel, consejero
   4. to evaluate, evaluación
   5. to show, señas
   6. request, pedir

G. 1. Nosotros no preferimos trabajar con Adelita.
   2. Nosotros no repetimos las instrucciones de la maestra.
   3. Nosotros no mentimos sobre la tarea.
   4. Nosotros no volvemos a casa a las tres.
   5. Nosotros no comenzamos a trabajar a las ocho.
   6. Nosotros no podemos jugar en el patio de recreo.

H. 1. piensan   6. comienza
   2. recomienda   7. piensa
   3. eligen   8. repite
   4. dicen   9. sigue
   5. duerme   10. vuelven

Módulo 2

A. 1. más   2. más   3. menos   4. menos   5. más

B. 1. Sí   2. Sí   3. Sí   4. Sí   5. No   6. No

C. 1. Albert Einstein es más inteligente que Elmer Fudd.
   2. Danny DeVito es menos alto que Shaquille O'Neal.
   3. Cameron Díaz es más bonita que Roseanne.
   4. Bill Gates es más rico que yo.
   5. Father Time es mayor que el bebé.

D. *Answers will vary.*

E. 1. mejores   5. ganan
   2. asamblea   6. fotos
   3. entregar   7. fiesta
   4. premios   8. perder

F. *Answers will vary.*

G. 1. La clase de la señora Smith es la mejor de todas.
   2. El comportamiento de Rodrigo es el más excelente de todos.
   3. La mochila de Ana es la más práctica de todas.
   4. Las notas de Víctor son las más sobresalientes de todas.
   5. Los padres de Julianita son los más trabajadores de todos.
   6. La bicicleta de Josefa es la más rápida de todas.

H. 1. Tienes un estudiante malísimo.
   2. Hablas rapidísimo.

3. Las direcciones son facilísimas.

4. Tus exámenes son dificilísimos.

5. Las notas de la clase son buenísimas.

6. Tu hermano es altísimo.

A escribir *Answers will vary.*

A leer *Answers will vary. Possible answers are:*

1. Es importante porque el divorcio es una experiencia muy dolorosa para los niños.

2. Los temas son: ayudar a los padres a comprender el efecto del divorcio en los niños, ver las percepciones de los niños ante el divorcio, hablar con los niños sobre los cambios y mantener una relación amorosa con los niños todo el tiempo.

3. Son profesionales en el campo de asistencia social con títulos universitarios.

4. Debe llamar al 398-5701.

Lección 5: La seguridad en la escuela

Módulo 1

A. 1. c   2. f   3. e   4. b   5. a   6. d

B. 1. insultar   2. elogiar   3. dejar de
4. aconsejar   5. remediar   6. ayudar

C. 1. Identifica los problemas del estudiante.

2. Ayuda a los estudiantes.

3. Admite que el mundo no es justo.

4. Pide ayuda del consejero.

5. Come con ellos en la cafetería.

6. Cree en ti mismo.

D. 1. Sal del gimnasio.

2. Ven a clase.

3. Pon el juguete en mi escritorio.

4. Ve a la oficina.

5. Deja de pelear.

6. Busca la tarea.

E. 1. estudiantes

2. padres

3. alcalde

4. administradores

5. comunidad

6. policía

F. 1. participar, participation

2. aprender, learning

3. comunicar, communication

4. modelar, model

5. ayudar, help

6. transformar, transformation

G. 1. Empiece un programa para los estudiantes.

2. Aprenda quién es líder entre los estudiantes.

3. Ponga un estudiante líder en cada grupo.

4. Venga a las reuniones.

5. Traiga ideas creativas a la reunión.

6. Entienda a los estudiantes.

H. 1. No entregues la tarea.

2. No traigas los libros a clase.

3. No practiques un deporte.

4. No vengas a tiempo a clase.

5. No almuerces en la cafetería.

6. No borres grafiti de la pandilla.

Módulo 2

A. 1. terremoto

2. incendio

3. amenaza de bomba

4. amenaza de armas

5. tornado

6. desastre químico

B. 1. Los estudiantes hacen trabajo mientras están sentados en clase.

2. Suena la alarma en la escuela.

3. Los estudiantes sacan las chaquetas del armario y se cubren.

4. Los estudiantes salen al patio.

5. La maestra usa la lista para ver si todos los estudiantes están afuera.

6. Después de que los bomberos chequean la escuela, los estudiantes regresan a clase.

C. 1. No estés nervioso.

2. No des mal ejemplo.

3. No vayas al baño ahora.

4. No busques los juguetes.

5. No hables con los amigos en el pasillo.

6. No empieces un proyecto.

D. 1. Explíquele las instrucciones.

2. Haga copias del examen.

3. Guarde los archivos de los estudiantes.

4. Dele la lista de estudiantes.

5. Apague la luz.

6. Evacúe la clase.

E. *Answers will vary.*

F. 1. dibujo

2. chaqueta

3. pizarra

4. crayones

5. el cuaderno

6. tampoco

G. Como maestro de una clase de estudiantes del tercer grado, no prefiero tener ningún estudiante problemático. Nunca digo cosas negativas de los estudiantes. Tampoco critico a la administración. Nunca hablo mal de mis compañeros. Los asistentes tampoco pueden criticar a la administración.

H. Los estudiantes y los maestros siempre prestan atención a la alarma. También buscan los abrigos en el armario antes de salir. Los bomberos siempre usan la radio para hacer comunicación en la escuela. Los administradores hablan por la radio también. También revisan la escuela para encontrar a algunos estudiantes en los vestidores.

A escribir *Answers will vary.*

Lección 6: Repaso I

Lección 1: Vamos a la escuela

A. *Answers will vary.*

B. 1. Son las tres y veinte.   La medicina es a las cuatro menos veinte.

2. Son las siete y diez.   La medicina es a las siete y media. *(or)* La medicina es a las siete y treinta.

3. Son las siete menos cuarto.   La medicina es a las ocho y cinco.

4. Es la una.   La medicina es a la una y veinte.

5. Es el mediodía.   La medicina es a las doce y veinte.

6. Son las seis menos cinco.   La medicina es a las siete y cuarto *(or)* La medicina es a las seis y quince.

C. 1. La secretaria es baja.

2. El director es inteligente.

3. Los documentos son complicados.

4. Las revistas son interesantes.

5. La enfermera es bonita.

6. La recepcionista es paciente.

D. 1. ¿Cómo se llama Ud. ?

2. ¿Cuándo puede empezar?

3. ¿Qué nota espera sacar en matemáticas?

4. ¿Cuántos cuadernos tiene?

5. ¿Por qué quiere tener una clase de arte?

6. ¿Dónde vive ahora?

E. 1. la 2. unos 3. unas 4. una 5. una
6. un 7. unos 8. el 9. unos 10. una

Lección 2: ¡La vuelta al cole!

A. 1. pantalla   5. abuelos

2. tarea   6. bandera

3. voluntario   7. merienda

4. micrófono   8. peligro

B. 1. La pizarra es negra.

2. Las plantas son verdes.

3. Las computadoras son modernas.

4. La enfermera es alta.

5. Los estudiantes son inteligentes.

6. El gimnasio es grande.

C. 1. prepara   5. regresamos

2. explica   6. escuchamos

3. ayuda   7. practicamos

4. estudiamos   8. vigila

D. 1. insiste
   2. comprenden
   3. recibe
   4. decide
   5. come
   6. corren
   7. ve
   8. lee

E. 1. Nosotros tenemos sed.
   2. Yo tengo hambre.
   3. El conserje tiene calor.
   4. Tú tienes frío.
   5. Marta tiene ocho años.
   6. Uds. tienen sueño.

Lección 3: La oficina de salud

A. *Answers will vary.*

B. 1. La recepcionista está preparando los formularios.
   2. Los estudiantes están leyendo los libros.
   3. Los niños están corriendo por el patio de recreo.
   4. Nosotros estamos comiendo en la cafetería.
   5. Tú estás buscando ayuda.
   6. Mi asistente y yo estamos escribiendo unos informes.

C. 1. estoy 2. están 3. están
   4. es 5. son 6. están

D. 1. No, Ud. va a mandar el dinero por el almuerzo mañana.
   2. No, Adela va a llegar una hora más tarde mañana.
   3. No, Uds. van a salir de la escuela temprano mañana.
   4. No, Ud. va a traer torta de cumpleaños mañana.
   5. No, los niños van a ir al parque mañana.
   6. No, Adela va a ver a la enfermera mañana.

E. *Answers will vary.*

Lección 4: El personal de la escuela

A. 1. las matemáticas
   2. el lenguaje
   3. la educación física
   4. la ortografía
   5. la lectura
   6. calificaciones

B. 1. Mis 2. nuestra 3. Sus 4. Su
   5. Su 6. Sus 7. su 8. nuestro

C. 1. Nosotros siempre empezamos el día a las ocho pero Guillermo empieza a las nueve.
   2. Nosotros pedimos un latté en Starbuck's pero Guillermo pide una mocha.
   3. Nosotros almorzamos en la clase pero Guillermo almuerza en la cafetería.
   4. Nosotros no perdemos los exámenes pero Guillermo siempre pierde algo.
   5. Nosotros preferimos hablar con los padres pero Guillermo no prefiere hablar con ellos.
   6. Nosotros volvemos a la escuela por la tarde pero Guillermo no vuelve.

D. *Answers will vary.*

E. 1. El programa de música es el más interesante.
   2. Las pruebas del Sr. Neville son las más fáciles.
   3. Los exámenes de matemáticas son los más difíciles.
   4. La computadora en la biblioteca es la más moderna.
   5. Las actividades de educación física son las más activas.
   6. Los padres de Elena son los más orgullosos.

Lección 5: La seguridad en la escuela

A. *Answers will vary*

B. 1. Limpia el plato.
   2. Sal después de comer.
   3. Ve al patio de recreo.
   4. Pon los platos en la mesa.
   5. Escribe el nombre en la lista.
   6. Juega afuera.

C. 1. No traigas armas a la escuela.
   2. No busques problemas con otros estudiantes.
   3. No escribas grafiti en las paredes.
   4. No amenaces a otros estudiantes.
   5. No utilices drogas.
   6. No hagas problemas.

D. 1. Ayuden a sus hijos con la tarea.
   2. Lean con sus hijos.
   3. Busquen ayuda de otros padres.
   4. No tengan miedo de hablar con ellos.

5. Empiecen una rutina diaria.

6. Hagan actividades al aire libre juntos.

E. 1. Roberto no pone nada en el escritorio debajo de las bebidas.

2. Roberto no habla con nadie cuando tiene problemas.

3. Roberto no tiene ningún problema con la fotocopiadora.

4. Roberto nunca hace su preparación al final del día.

5. Roberto tampoco prepara la boleta de calificaciones.

6. ¡Roberto siempre quiere trabajar contigo!

Lección 7: La educación alternativa

Módulo 1

A. 1. privada   2. matrícula   3. pública
4. chárter   5. gratis   6. requisitos

B. *Answers will vary.*

C. *Answers will vary.* Some possible answers follow.)
1. Se come en la cafetería.

2. Se juega básquetbol en el gimnasio.

3. Se corre en el patio de recreo.

4. Se trabaja en la oficina de la directora.

5. Se resuelven problemas en la clase de matemáticas.

6. Se encuentran libros en la biblioteca.

D. 1. Se hacen meriendas en la cafetería.

2. Se necesita un entrenador principal de fútbol.

3. Se paga un sueldo excelente.

4. Se ofrece un buen plan de salud.

5. En la oficina se archivan las boletas de calificaciones.

6. En la clase se ven programas educativos.

7. Se necesitan dos asistentes bilingües en la oficina.

8. Se come el almuerzo a las once y media.

E. 1. pantalla   2. electrónico   3. distancia
4. Red   5. navegar   6. virtual

F. 1. F   2. C   3. F   4. C   5. F   6. C

G. 1. El conserje acaba de limpiar el salón de clase.

2. Mi compañera acaba de vigilar a los estudiantes en el patio de recreo.

3. El asistente acaba de devolverles a los estudiantes la tarea.

4. Nosotros acabamos de navegar por la Red.

5. Uds. acaban de leer el correo electrónico.

6. Tú acabas de dar clases en línea.

7. Los estudiantes acaban de buscarlo en el sitio Web.

8. La directora acaba de tener una conferencia con los padres.

H. 1. hace un mes

2. ayer

3. hace dos años

4. hace diez días

5. anteayer

6. anoche

7. hace veinte días

8. hace cinco años

Módulo 2

A. *Answers will vary.*

B. 1. contraseña   5. sala
2. salir de sesión   6. carpetas
3. usuario   7. búsqueda
4. banderas   8. motor de búsqueda

C. *Answers will vary.*

D. *Answers will vary.*

E. 1. la computadora portátil

2. la calculadora científica

3. el teléfono celular

4. el Palm con Web inalámbrico

5. la computadora de escritorio

F. *Answers will vary.*

G. 1. El auto nuevo cuesta treinta y dos mil setecientos noventa y dos dólares.

2. Los discos compactos cuestan cuarenta y dos dólares.

3. Una computadora portátil cuesta mil setecientos dólares.

4. Un teléfono celular cuesta cincuenta y tres dólares.

5. Una impresora cuesta ochenta y nueve dólares.

6. Una pantalla de 17″ cuesta doscientos cuarenta dólares.

7. Un Palm cuesta doscientos sesenta y tres dólares.

8. Las altavoces nuevas cuestan noventa y seis dólares.

H. 1. El primer país es México.

2. El segundo país es España.

3. El tercer país es Colombia.

4. El cuarto país es Estados Unidos.

5. El quinto país es Venezuela.

6. El sexto país es Chile.

7. El séptimo país es Guatemala.

8. El octavo país es Honduras.

9. El noveno país es Uruguay.

10. El décimo país es Panamá.

A escribir *Answers will vary.*

A leer *Answers will vary. Possible answers are:*

1. El "chárter" es un contrato que explica la misión de la escuela.

2. Incluye el programa, las metas, los estudiantes servidos, los métodos de asesoramiento y las maneras de medir el éxito.

3. La mayoría son por tres a cinco años.

4. Los contratos se pueden renovar.

5. Generalmente es su junta de educación estatal o local.

Lección 8: La escuela secundaria

Módulo I

A. 1. b   2. c   3. d   4. a

B. 1. gimnasio
2. natación
3. entrenador
4. vestuario
5. animadores
6. espejo
7. trofeo
8. armario

C. 1. se despierta
2. se baña
3. se afeita
4. se peina
5. se viste
6. se enoja
7. se preocupan
8. se pone
9. se sientan
10. se desviste
11. se pone
12. se acuesta

D. 1. Cecilia se viste.

2. Cecilia se pone los zapatos.

3. Cecilia se lava las manos.

4. Cecilia se sienta.

5. Cecilia se levanta.

6. Cecilia se quita los zapatos.

7. Cecilia se acuesta.

E. *Answers will vary.*

F. 1. el baño, bathroom

2. el apoyo, support

3. el peine, comb

4. la pérdida, loss

5. el abrazo, hug

6. el reportero, reporter

7. la pelea, fight

8. la animadora, cheerleader

G. *Answers may vary. (Some possible answers follow.)*

1. Se quieren mucho.

2. Se pelean.

3. Se hablan con frecuencia.

4. Se ven todos los días.

5. Se divorcian.

6. Se reúnen para tomar decisiones.

H. 1. Los aficionados se gritan.

2. Los jugadores se apoyan.

3. Los compañeros de clase se cuidan.

4. Mi asistente y yo nos consultamos todos los días.

5. Mis colegas y yo nos comunicamos bien.

6. Los amigos se escriben.

Módulo 2

A. *Answers will vary.*

B. *Answers will vary.*

C.
1. conozco	4. Conocen	7. Conocen
2. conoce	5. conozco	8. conocemos
3. conoce	6. conozco	9. conocemos

D.
1. conoce	5. saben
2. sé	6. conocemos
3. Conocen	7. conozco
4. sabemos	8. saben

E. 1. Preparan la tierra con el tractor.

2. Abonan la tierra antes de sembrar.

3. Ponen las semillas en la tierra.

4. Riegan después de sembrar.

5. Quitan la mala hierba.

6. Después de quitar la mala hierba, usan la irrigación cuando no hay lluvia.

7. Cosechan el algodón.

F. 1. Cuando está lloviendo, *(b)* me gusta usar un paraguas.

2. Cuando hace mucho frío, *(e)* me gusta ponerme un suéter y un abrigo.

3. Cuando está nevando, *(d)* me gusta esquiar en la nieve.

4. Cuando hace sol, *(f)* me gusta usar Coppertone.

5. Cuando hace calor, *(a)* me gusta nadar en el río.

6. Cuando hace mal tiempo, *(c)* me gusta leer una novela y no salir de casa.

G. 1. la 2. lo 3. las 4. la
5. los 6. lo 7. los 8. la

H. 1. Sí, léalo. No, no lo lea.

2. Sí, abónela. No, no la abone.

3. Sí, recójalas de los árboles ahora. No, no las recoja de los árboles ahora.

4. Sí, empaquétenlos hoy. No, no los empaqueten hoy.

5. Sí, riéguelas con frecuencia. No, no las riegue con frecuencia.

6. Sí, espérenla. No, no la esperen.

7. Sí, protéjanlas contra los pájaros. No, no las protejan contra los pájaros.

8. Sí, póngalo cerca de la finca. No, no lo ponga cerca de la finca.

A escribir *Answers will vary.*

A leer *Answers will vary. Possible answers are:*

1. Son irritables, perezosos y con síntomas físicos tanto como psicológicos.

2. Son dolores del estómago y de la cabeza, fatiga y sueño.

3. Pueden ser ansiedad, nervios, enojo y confusión.

4. Ejemplos: la pizza de anoche, un sándwich de crema de cacahuete y banana, queso y jugo.

Lección 9: Consejos útiles

Módulo 1

A.
1. veterinario/a	5. consejero/a
2. maestro/a	6. profesor(a)
3. arquitecto/a	7. médico/a
4. periodista	8. programador(a)

B. *Sentences will vary.*
1. colegio	4. preparación
2. carrera	5. alumno
3. préstamos	6. educación

C.
1. investiguen	5. vayan
2. trabajen	6. hagan
3. pague	7. pidamos
4. lleguen	8. sirva

D. 1. Quiero que utilices bolígrafo negro.

2. Quiero que conozcas al enlace con la universidad.

3. Quiero que reduzcas los gastos con un préstamo.

4. Quiero que investigues varias universidades.

5. Quiero que vuelvas a la oficina con los documentos.

6. Quiero que repitas las instrucciones.

7. Quiero que te vistas bien para visitar la universidad.

8. Quiero que revises los papeles antes de mandarlos.

E. 1. ciudadano   5. carrera
   2. frontera   6. tutor
   3. puente   7. césped
   4. inmigración   8. disponibles

F. 1. inmigrar   5. sueño
   2. alfabetización   6. comunitaria
   3. idioma   7. informática
   4. ciudadanía   8. vocación

G. 1. La directora exige que los maestros empiecen clase a tiempo.
   2. La directora recomienda que el chofer del autobús lleve a los estudiantes a la puerta central.
   3. La directora recomienda que Uds. tomen un descanso de vez en cuando.
   4. La directora recomienda que nosotros almorcemos bien.
   5. La directora exige que yo entregue las boletas de calificaciones a tiempo.
   6. La directora prohíbe que los estudiantes demuestren falta de respeto en clase.
   7. La directora prohíbe que tú traigas drogas a la escuela.
   8. La directora recomienda que ellos vuelvan del patio de recreo al mediodía.

H. 1. Sugiero que Uds. hablen con el consejero sobre los estudiantes con problemas.
   2. Sugiero que se vistan bien.
   3. Sugiero que vayan al patio de recreo con su clase.
   4. Sugiero que vigilen a los estudiantes en el pasillo.
   5. Sugiero que tengan tiempo disponible para hablar con padres.
   6. Sugiero que cooperen con los otros maestros.
   7. Sugiero que sean profesionales.
   8. Sugiero que vengan al trabajo todos los días.

Módulo 2

A. 1. Admisiones y archivos
   2. Fundación
   3. Ayuda financiera
   4. Centro de tutores
   5. Guardería
   6. Evaluaciones

B. *Answers will vary.*

C. The first part of each sentence will use one of the impersonal expressions **+ que** and will then be followed by
   1. ...pida ayuda en el Centro de tutores.
   2. ...tenga un buen horario.
   3. ...conozca a otros estudiantes en el programa.
   4. ...utilice el Centro de salud cuando sea necesario.
   5. ...cumpla con los requisitos de la clase.
   6. ...tome buenos apuntes en clase.
   7. ...busque trabajo en la Oficina de ayuda financiera.
   8. ...falte a clase.

D. The first part of each sentence will use one of the impersonal expressions **+ que** and will then be followed by
   1. ...llegues temprano a clase.
   2. ...te vistas en ropa formal.
   3. ...le lleves un regalo al profesor.
   4. ...practiques el inglés mucho.
   5. ...pidas una beca.
   6. ...llenes todos los formularios.
   7. ...sepas bien el inglés antes de tomar la clase.
   8. ...vayas a la biblioteca todas las noches.

E. 1. No creo que   4. Recomiendo que
   2. Me alegro de que   5. Es bueno que
   3. Tengo miedo de que   6. Es probable que

F. 1. e 2. d 3. g 4. b
   5. a 6. c 7. h 8. f

G. 1. Siento que no entiendas todo en clase.
   2. Estoy contento/a de que saques buenas notas en las pruebas.
   3. No creo que seas muy vieja para regresar a la escuela.
   4. Estoy contento/a de que a tus hijos les guste la guardería.
   5. No creo que vayas a sacar una nota baja.
   6. Estoy contento/a de que organices bien tu tiempo.
   7. Siento que no duermas bien por la noche.
   8. Estoy contento/a de que busques ayuda con los tutores.

H. 1. vas   5. pidas
    2. tenga   6. quieran
    3. digas   7. sabes
    4. encuentren   8. seas

A escribir *Answers will vary.*

Lección 10: La universidad

Módulo 1

A. *Answers will vary.*

B. 1. clubes
    2. recomendaciones
    3. ensayo personal
    4. carreras
    5. becas
    6. entrevistas
    7. exámenes estandarizados
    8. sueños

C. 1. Yo recogí el horario del Centro estudiantil a las ocho.
    2. Yo busqué el edificio de la primera reunión a las ocho y media.
    3. Yo arreglé una cita en la Facultad de ingeniería a las nueve.
    4. Yo leí las opciones de planes para la cafetería a las nueve y media.
    5. Yo preparé la solicitud para ayuda financiera a las diez.
    6. Yo compré un refresco en el café a las diez y media.
    7. Yo le di la solicitud al oficial a las once y media.
    8. Yo almorcé con Tomás, el guía, al mediodía.

D. 1. Hace tres meses que yo le escribí a la Oficina de admisiones.
    2. Hace tres semanas que Uds. cancelaron una cita.
    3. Hace diez minutos que la consejera tomó un mensaje.
    4. Hace seis meses que nosotros volvimos a visitar la universidad.
    5. Hace un año que Ud. compró un auto usado.
    6. Hace dos meses que yo descubrí un error en la solicitud.

7. Hace dos días que tú viste a tus amigos.
8. Hace tres semanas que el orientador se reunió con el estudiante.

E. 1. alojamiento
    2. matrícula
    3. comida
    4. transporte
    5. seguro médico
    6. gastos
    7. beca
    8. intereses

F. 1. b   2. d   3. a   4. c

G. 1. Alberto conoció a un ex-alumno de la universidad.
    2. Uds. leyeron información sobre ayuda económica.
    3. Mis padres y yo fuimos a visitar la universidad.
    4. Yo quise hablar con un consejero.
    5. Tú hiciste un ensayo personal.
    6. Tres oficiales estuvieron en la entrevista.
    7. Margarita tuvo buenas calificaciones.
    8. Ud. supo los gastos de matrícula, transporte y libros.

H. *Answers will vary.*

Módulo 2

A. *Answers will vary.*

B. *Answers will vary.*

C. 1. Repetí las instrucciones.
       Mis compañeros repitieron las instrucciones.
    2. Preferí trabajar con los estudiantes no tradicionales.
       Mis compañeros prefirieron trabajar con los estudiantes no tradicionales.
    3. Seguí al grupo a la primera sesión.
       Mis compañeros siguieron al grupo a la primera sesión.
    4. Elegí llevarlos a visitar el estadio.
       Mis compañeros eligieron llevarlos a visitar el estadio.
    5. Les traje folletos con información de clubes estudiantiles.

Mis compañeros les trajeron folletos con información de clubes estudiantiles.

6. Serví refrescos durante el descanso.

Mis compañeros sirvieron refrescos durante el descanso.

7. No les mentí sobre la vida académica.

Mis compañeros no les mintieron sobre la vida académica.

8. Les pedí ayuda a los consejeros.

Mis compañeros les pidieron ayuda a los consejeros.

D. 1. Amanda le trajo folletos al etudiante que vino tarde.

2. Amanda no les mintió a los nuevos estudiantes.

3. Amanda pidió folletos extras de servicios gráficos.

4. Amanda se sintió nerviosa cuando empezó la orientación.

5. Amanda repitió las instrucciones.

6. Amanda sirvió café por la mañana.

7. Amanda estuvo en el estadio por la tarde.

8. Amanda eligió trabajar la próxima vez también.

E. *Answer will vary. (Some possible answers follow.)*

1. Un grupo de varias flores es un ramo.

2. Una ceremonia es un acto formal para una ocasión especial.

3. La licenciatura es el título universitario.

4. Un podio es una plataforma que usa la persona que va a pronunciar el discurso.

5. Globos son bolsas de aire que se inflan. Se usan para decoraciones.

6. Una toga es un tipo de vestido académico.

7. Un bonete es el sombrero especial que lleva el graduado.

8. El discurso es un mensaje hablado que presenta una persona importante en una ceremonia de graduación.

F. 1. f 2. c 3. e 4. a 5. d 6. b

G. 1. empezó   8. dijo
   2. confirmó   9. se reunieron
   3. tuvo   10. pidió
   4. terminó   11. dio

5. pudo   12. se vistió
6. se sintieron 13. practicó
7. salieron   14. fueron

H. 1. me probé   5. trajeron
   2. se pusieron 6. pronunció
   3. se sentaron 7. saqué
   4. supimos   8. siguieron

A escribir *Answers will vary.*

A leer *Answers will vary. Possible answers are:*

1. Se formó en 2001.

2. Fue desarrollar un plan de acción para cerrar la brecha educativa de los niños hispanoamericanos.

3. Dos de cada tres terminan la escuela secundaria.

4. Diez por ciento se gradúa de la universidad.

5. Las familias hispanoamericanas carecen del conocimiento para cumplir con las expectativas altas que tienen para sus hijos.

6. Algunas recomendaciones son: establecer nuevas expectivas para los niños en cuanto a la educación, ayudar a las familias hispanoamericanas a cumplir con sus metas académicas y asegurar el acceso a la universidad.

Lección 11: Entonces y ahora

Módulo 1

A. 1. biblioteca
   2. patio de recreo
   3. centro comercial
   4. inalámbrico
   5. dulcería
   6. buscador

B. 1. investigaciones
   2. motor de búsqueda
   3. palabras claves
   4. sitios
   5. banderas de publicidad
   6. enlaces
   7. contraseña
   8. usuario

C. *Use of time expressions will vary.*

1. Leía la publicidad en Internet...

2. Trabajaba en una computadora portátil...

3. Jugaba partidos en la computadora...

4. Iba a la biblioteca...

5. Les escribía correos electrónicos a mis amigos...

6. Navegaba por Internet...

7. Hacía llamadas por teléfono de disco...

8. Veía televisión...

D. 1. recibía, recibo

2. iban, van

3. navegaba, navega

4. utilizabas, utilizas

5. se preocupaban, se preocupan

6. decía, digo

7. conseguíamos, conseguimos

8. hacían, hacen

E. 1. c 2. e 3. f 4. g
   5. a 6. d 7. h 8. b

F. *Answers will vary.*

G. 1. Liliana buscaba crayones cuando llegó la maestra.

2. Yo navegaba por Internet en la computadora de clase cuando llegó la maestra.

3. Mi compañera jugaba con Miguel cuando llegó la maestra.

4. Nosotros hacíamos aviones de papel cuando llegó la maestra.

5. Uds. bebían el jugo de la lonchera cuando llegó la maestra.

6. Tú escribías en la pizarra cuando llegó la maestra.

7. Marta tenía una pelea con Julio cuando llegó la maestra.

8. Susana y Guillermo descansaban cuando llegó la maestra.

H. 1. se sentía, fue

2. estaba, pidió

3. nos sentíamos, cerraron

4. tenía, vino

5. sabía, sonó

6. tenía, terminamos

Módulo 2

A. 1. titular, title

2. comunidad, communion or congregation

3. institucion, institute

4. astronauta, astronomy

5. guerra, warrior

6. paz, peaceful

7. luna, lunatic

8. revolución, revolutionary

B. 1. lengua   5. lengua

2. biografía   6. biografía

3. historia   7. estudios sociales

4. estudios sociales   8. historia

C. 1. Antes yo escribía cartas largas pero ayer mandé un correo electrónico.

2. Antes yo iba a las tiendas pero ayer hice compras por Internet.

3. Antes yo preparaba todo en la máquina de escribir pero ayer guardé todo en la computadora.

4. Antes yo conversaba con mi familia por teléfono pero ayer me comuniqué en una sala de charla.

5. Antes yo buscaba libros en la biblioteca pero ayer hice investigaciones en la Red.

6. Antes yo jugaba a Pac Man pero ayer escuché música en iPod.

7. Antes yo revelaba fotos en la tienda pero ayer saqué fotos con una cámara digital.

8. Antes yo usaba una lista de mandados pero ayer utilicé mi agenda del Palm.

D. 1. Beatriz escribía mientras hablaba conmigo.

2. Beatriz explicaba el problema mientras comía.

3. Beatriz navegaba por la Red mientras escuchaba música.

4. Beatriz jugaba en la computadora mientras charlaba por teléfono.

5. Beatriz buscaba una boleta de calificaciones mientras le decía el problema al director.

6. Beatriz desarrollaba un proyecto mientras bebía un refresco.

7. Beatriz leía un libro mientras veía televisión.

8. Beatriz corregía exámenes mientras hacía una llamada por teléfono celular.

E. *Answers will vary.*

F. *Answers will vary.*

G. 1. Eran   4. puse   7. me sentía
   2. leía   5. salí   8. dijo
   3. hacían   6. tenía   9. tenía

H. 1. trabajaba   5. tenía   9. tenía
   2. hacía   6. salió   10. Compró
   3. encontró   7. fue   11. volvió
   4. decidió   8. estaba

A escribir *Answers will vary.*

Lección 12: Repaso II

Lección 7: La educación alternativa

A. 1. Se llena la solicitud.
   2. Se escribe la fecha en la solicitud.
   3. Se firma la solicitud.
   4. Se hace una visita a la escuela.
   5. Se pagan las cuentas a tiempo.
   6. Se mantienen copias de las boletas de calificaciones.
   7. Se pide una cita con la maestra.
   8. Se compran uniformes.

B. 1. Acabo de preparar un examen.
   2. Acabo de corregir las composiciones.
   3. Acabo de crear una página Web.
   4. Acabo de concertar una cita con los padres.
   5. Acabo de limpiar la pizarra.
   6. Acabo de cambiar mi contraseña.

C. *Answers will vary.*

D. *Answers will vary. Possible answers are:*
   1. Nos gusta navegar por la Red.
   2. No me gustan las banderas de publicidad.
   3. A los maestros no les gustan los estudiantes perezosos.
   4. Te gusta la computadora con mucha memoria.
   5. Les gusta enseñar una clase a distancia.
   6. Al Sr. Alonzo le gustan las tareas bien hechas.

7. Nos gustan los fines de semana.
8. A los directores no les gusta la información incompleta.

E. 1. En la segunda caja, hay seiscientos noventa y cinco cuadernos.
   2. En la tercera caja, hay cuarenta y siete borradores.
   3. En la cuarta caja, hay quince computadoras.
   4. En la quinta caja, hay ciento sesenta y siete libros de texto.
   5. En la sexta caja, hay cinco mil ochocientos veinitrés sujetapapeles.
   6. En la séptima caja, hay doscientas noventa y siete carpetas.
   7. En la octava caja, hay veinte grapadoras.
   8. En la novena caja, hay diez mil crayones.

Lección 8: La escuela secundaria

A. 1. Mi hermana y yo nos levantamos a las ocho. Pero mi hermanito se levanta... (*Answers will vary.*)
   2. Mi hermana y yo nos duchamos con agua caliente. Pero mi hermanito se ducha...
   3. Mi hermana y yo nos peinamos en el baño. Pero mi hermanito se peina...
   4. Mi hermana y yo nos vestimos con ropa informal. Pero mi hermanito se viste con...
   5. Mi hermana y yo nos vamos a las diez. Pero mi hermanito se va...
   6. Mi hermana y yo nos divertimos en las clases. Pero mi hermanito se divierte...
   7. Mi hermana y yo nos quitamos los zapatos antes de dormir. Pero mi hermanito se quita...
   8. Mi hermana y yo nos acostamos temprano. Pero mi hermanito se acuesta...

B. 1. Los maestros y los estudiantes se saludan en la clase.
   2. Uds. se ayudan con la tarea.
   3. Los padres y yo nos hablamos con frecuencia.

4. Los entrenadores se respetan.

5. Mi amigo de México y yo nos escribimos por correo electrónico.

6. Los jugadores se miran en el estadio.

C. *Answers will vary.*

D.
1. conozco
2. sabe
3. conoce
4. sabe
5. sé
6. saben
7. conoce
8. saber

E. 1. las 2. la 3. los 4. lo
5. los 6. lo 7. la 8. la

Lección 9: Consejos útiles

A.
1. conduzcan
2. pongan
3. dé
4. vayan
5. acepte
6. revisen
7. sepa
8. lleguen

B. *Answers will vary.*

C. *Answers will vary.*

D. *Answers will vary.*

E.
1. Me gusta que pongan mucho énfasis en la tarea.

2. Me molesta que los estudiantes paguen mucho por la matrícula.

3. Me gusta que ofrezcan mucha ayuda en el Centro de tutores.

4. Me gusta que termines tus requisitos pronto.

5. Me molesta que tu clase de historia tenga muchos estudiantes.

6. Me molesta que haya muchos exámenes.

7. Me gusta que saques buenas notas en la clase de inglés.

8. Me molesta que unos estudiantes no hagan nada en clase.

Lección 10: La universidad

A.
1. Hablé con todos los estudiantes.

2. Corregí muchos exámenes.

3. Escuché los debates como patrocinador del club.

4. Empecé un comité nuevo.

5. Investigué una queja por un estudiante.

6. Almorcé en la cafetería con los estudiantes.

7. Leí muchas composiciones.

8. Organicé actividades sociales.

B.
1. El oficial de admisiones no pudo terminar las solicitudes.

2. Los jefes de departamento tuvieron una reunión con el decano.

3. Los estudiantes vieron la práctica del partido de fútbol.

4. Los estudiantes de la escuela secundaria vinieron a la universidad.

5. Los solicitantes quisieron visitar las residencias estudiantiles.

6. Yo fui a una entrevista.

7. Uds. trajeron sus papeles.

8. Tú pusiste todo en la residencia estudiantil.

C.
1. ensayo
2. beca
3. entrevista
4. alojamiento
5. transporte
6. matrícula
7. tutores
8. discurso

D. *Answers will vary.*

E.
1. empezó
2. hizo
3. puso
4. organizaron
5. me vestí
6. fui
7. siguieron
8. vinimos

Lección 11: Entonces y ahora

A. *Answers will vary.*

B. *Answers will vary.*

C.

	Antes	Ahora
1. el ratón	un animal	la computadora
2. el teclado	una máquina de escribir	la computadora
3. la memoria	la edad	la computadora
4. la red	pescar	Internet
5. archivar	documentos en la oficina	la computadora
6. el menú	el restaurante	la computadora
7. el disco	la música	la computadora
8. el Palm	la mano	un asistente digital personal

D.

1. llegué	8. entré	15. entré
2. sentía	9. escribía	16. vi
3. tenía	10. daba	17. estaba
4. dijo	11. contestaba	18. corrí
5. necesitaba	12. empecé	19. dijo
6. decidí	13. escuché	20. estaba
7. Era	14. Salí	21. cayó

E. *Answers will vary.*